Romance Espírita

RENACIÓ POR AMOR

UN CASO QUE SUGIERE REENCARNACIÓN

Hernani Guimarães Andrade

Por

KILDEN & JONATHAN

Traducción al Español:
J.Thomas Saldias, MSc.
Trujillo, Perú, Febrero, 2024

Título Original en Portugués:

"Renaceu por amor"

© Hernani Guimarães Andrade, São Paulo, 2000

Traducido al Español de la 3ra Edición Portuguesa

Cover:
"El Paseo, mujer con sombrilla"
Claude Monet (1840-1926)
Washington (DC), National Gallery of Art,
Mrs. e Mr. Paul Mellon Collection

World Spiritist Institute
Houston, Texas, USA
E–mail: contact@worldspiritistinstitute.org

Del Traductor

Jesús Thomas Saldias, MSc., nació en Trujillo, Perú.

Desde los años 80s conoció la doctrina espírita gracias a su estadía en Brasil donde tuvo oportunidad de interactuar a través de médiums con el Dr. Napoleón Rodriguez Laureano, quien se convirtió en su mentor y guía espiritual.

Posteriormente se mudó al Estado de Texas, en los Estados Unidos y se graduó en la carrera de Zootecnia en la Universidad de Texas A&M. Obtuvo también su Maestría en Ciencias de Fauna Silvestre siguiendo sus estudios de Doctorado en la misma universidad.

Terminada su carrera académica, estableció la empresa *Global Specialized Consultants LLC* a través de la cual promovió el Uso Sostenible de Recursos Naturales a través de Latino América y luego fue partícipe de la formación del **World Spiritist Institute**, registrado en el Estado de Texas como una ONG sin fines de lucro con la finalidad de promover la divulgación de la doctrina espírita.

Actualmente se encuentra trabajando desde Perú en la traducción de libros de varios médiums y espíritus del portugués al español, habiendo traducido más de 300 títulos, así como conduciendo el programa "La Hora de los Espíritus."

Índice

Prefacio 7

Agradecimientos 11

Introducción 12

    UNA CARTA PRECIOSA 12

    LA SORPRESA 15

Capítulo I Histórico 17

    VISITA A LA FAMILIA DEL PACIENTE 17

    INFORME ESCRITO POR DOÑA MARINE WATERLOO (ALEXANDRE & MARINA) 19

        Primera parte 21

        Segunda parte 79

        Tercera parte 105

        Cuarta parte 129

Capítulo II Análisis de evidencia 132

    HECHOS RELEVANTES QUE PRECEDIERON AL NACIMIENTO DE KILDEN ALEXANDRE 132

        1) Primer Aviso: La Voz del Sacerdote 134

        2) Segunda Advertencia: El Sueño 135

        3) Tercer Aviso: La noticia de la muerte del Padre Jonathan 136

    EXTRAÑOS FENÓMENOS OCURRIERON DESPUÉS DEL NACIMIENTO DE KILDEN ALEXANDRE 140

    TABLA DE LOS PRIMEROS RECUERDOS DEL PACIENTE 148

    OTROS DETALLES RELEVANTES DEL COMPORTAMIENTO Y RECUERDOS DEL PACIENTE 158

    EXTRACTO DEL CUESTIONARIO 183

Capítulo III Hipótesis explicativas de los recuerdos y el comportamiento de Kilden Alexandre 193

FRAUDE DELIBERADO..194

INFORMACIÓN DIRECTA Y CRIPTOMNESIA 196

TELEPATÍA, ESP Y SUPER-ESP 201

INCORPORACIÓN MEDIA 206

REENCARNACIÓN...208

UNA EXPLICACIÓN 211

ENTRE LÍNEAS..212

¿EL AMOR SERÍA COMO LA PRIMAVERA?................................216

Referencias Bibliográficas...217

Al inolvidable maestro y amigo,

José Freitas Nobre

cuyas virtudes morales y cívicas representan un paradigma a seguir por todos nosotros.

Prefacio

Es muy probable que al lector familiarizado con la obra de Hernani Guimarães Andrade en su conjunto le resulte extraño el título de esta monografía. Al fin y al cabo, el autor, presidente del *Instituto Brasileño de Investigaciones Psicobiofísicas* (IBPP), siempre preparó su trabajo con criterios éticos de estricta seriedad e imparcialidad, con sus investigaciones sobre Poltergeist y Reencarnación como clásicos de la investigación parapsicológica global.

Sin embargo, el propio autor detectó esta posible extrañeza y destacó en el epílogo: "el presente caso contiene, además de un aspecto puramente científico, un componente de carácter sentimental, dramático y profundamente humano. En él intervienen dos criaturas, unidas por fuertes lazos de afecto mutuo. Una vez puesta de relieve la realidad de la reencarnación, al menos en el caso que ahora estamos estudiando, nos parece resaltar, con inusitada claridad, la permanencia de los sentimientos que intervienen en las relaciones humanas."

Y luego confesó: "Tenemos suficiente experiencia en el trato con el establishment científico, para calcular el riesgo que corremos, de invalidar el presente trabajo, o de reducir su valor de credibilidad, simplemente resaltando este aspecto. Sin embargo, creemos que también está justificado abordar esta cuestión en este caso."

Hernani, por tanto, opta deliberadamente por el riesgo y destaca, basándose en datos científicos, el poder abrumador de los sentimientos a la hora de impulsar la existencia humana. En este aspecto cumple la misma misión que el eminente físico y humanista profesor Fritjof Capra, autor de las excelentes obras *El Tao de la Física* y *El punto de cambio*, al buscar la complementariedad de los dos polos arquetípicos del taoísmo: el Yin y el Yang – amor y sabiduría, indispensables para el equilibrio de los seres humanos.

Para el autor, el rigor de la técnica, de la investigación cuidadosa y objetiva, no excluye el énfasis en el valor de los sentimientos, principalmente porque intervienen, permanentemente, en las relaciones humanas.

Este camino deliberadamente asumido y el contenido de este libro contribuyen a cambiar el paradigma mecanicista-reduccionista de la ciencia, que se ha mantenido sin cambios hasta la fecha, especialmente en la mayoría de los bastiones académicos.

En particular, nos gustaría resaltar la importante contribución que la investigación sobre la reencarnación debe hacer al psicoanálisis. Sin el reconocimiento que el hombre nace, renace y progresa sin cesar, cumpliendo una ley biológica natural, las teorías de Freud y sus seguidores no podrán avanzar, ampliando su rango de acción para ayudar a la mente humana.

Una lectura psicoanalítica sucinta del presente caso, basado principalmente en la historia contada, de forma encantadora y conmovedora, por la señora Marina Waterloo, nos hace pensar en el Edipo no resuelto y como consecuencia de ello, en la dificultad de Kilden para aprender a leer, ¿por qué Kilden Alexandre y no Kildary tiene diferencias y desacuerdos con su padre? El psicoanálisis dirá que la libido de ambos es diferente, que su expresión a través de los canales del inconsciente depende de la personalidad de cada uno, del quantum de pulsión de muerte o de vida que cada uno porta, desde su concepción, y de la manera en que han experimentado las diferentes etapas – oral, anal y fálica– especialmente en los primeros seis años. Con la reencarnación, la explicación se vuelve mucho más completa, todas las piezas del rompecabezas encajan. De hecho, cada niño tiene una historia única, trae vínculos afectivos y emocionales con sus padres que están vinculados a sucesivas encarnaciones.

También quedó claro, a través de la narración, la dificultad expresada por el señor Marciño, marido de doña Marina, para aceptar al padre Jonathan y la recíproca, en cierto modo, era cierta. El sentimiento de antipatía se vuelve a vivir, involucrando a Marciño-Kilden. Todo indica que uno de los propósitos de esta encarnación, para ambos, es la búsqueda del perdón recíproco.

Sin duda, el psicoanálisis puede ayudar mucho, pero el éxito total solo se alcanzará con la transformación de la antipatía en amor y los fundamentos de este cambio están en vivir las lecciones de Jesús, sobre todo, en el esfuerzo renovador de cada día.

Por eso las técnicas de desconexión afectivo-egoísta propuesta por el Espiritismo en su vasta bibliografía.

Pero hay otro aspecto importante detectado por esta investigación: la presencia de fobias ligadas a sucesos de otras existencias.

En otra obra suya destacada, *La Reencarnación en el Brasil*, Hernani ya se había referido a este hallazgo, especialmente en el caso Jacira. Jung distinguió dos esferas en la psique inconsciente: un inconsciente personal, perteneciente al individuo, y un inconsciente colectivo, el estrato más profundo de la psique, común a toda la Humanidad. Para él, la espiritualidad genuina es una parte integral de la psique humana y se manifiesta en diferentes grados en cada individuo.

Los casos que sugieren la reencarnación confirman que la psique permanece viva, a pesar de la muerte corporal. En esta monografía esto es tan evidente que este pobre prefacio mío es perfectamente prescindible. Solo el amable autor podría pensar que sería de alguna utilidad.

Hernani Guimarães Andrade ya tuvo la oportunidad de afirmar (Folha Espírita, octubre/1991) que "la concepción materialista de nuestra realidad subyacente está destruyendo al hombre y al planeta Tierra. Necesitamos cambiar y la única salida es la búsqueda del Espiritismo y temas afines."

He aquí un libro que trata del espíritu, más que eso, del amor entre almas. Bajo la inspiración de este sentimiento sublime, los cielos y la Tierra se pueblan, las criaturas buscan como abejas el néctar en el afán de encontrar su fuente inagotable: Dios.

Marlene Nobre

São Paulo, primavera de 1994

Agradecimientos

El autor se declara profundamente agradecido a las personas nombradas a continuación, cuya preciosa ayuda contribuyó decisivamente a la realización de este trabajo:

Al Sr. Luiz Antônio Brasil por la gran colaboración y orientación brindada en la obtención de datos y declaraciones, junto con la familia del paciente, en São João del Rei.

Al prof. Suzuko Hashizume y Dra. Maria das Graças de Souza, por su invaluable ayuda en la preparación y revisión de los originales de este libro.

Un agradecimiento especial a la familia del paciente, a él mismo y a la familia de la personalidad anterior, cuyos verdaderos nombres y domicilios fueron, por razones éticas, necesariamente protegidos.

Finalmente, nuestro inmenso agradecimiento a la Excelencia. Sra. Dra. Marlene Rossi Severino Nobre, con el magnífico prólogo que intenté alegrar esta modesta obra.

Hernani Guimarães Andrade

Bauru, primavera de 1994

Introducción

Pensándolo bien; sin embargo, estaremos aun menos lejos de la verdad si adoptamos las tesis más extremas y más místicas del gnosticismo sobre el espíritu-que-se-innata-y-luego-domina, que si asumimos la tesis científica extrema, de la Materia-que-fabrica-el-espíritu.

Raymond Ruyer (1974)

(La Gnosis de Princeton)

UNA CARTA PRECIOSA

Normalmente tenemos una correspondencia extensa y variada. Recibimos cartas de casi todo el mundo y especialmente de aquí de nuestro país. Todos los días llevamos a cabo el ritual, sagrado para nosotros, de abrir correspondencia, leer y preparar respuestas. Generalmente son lo que con humor llamamos "cartas de demanda", pues la mayoría siempre contienen alguna solicitud, ya sea información, libros, monografías o copias de artículos, así como otro material gráfico, fotografías, solicitudes de opinión sobre trabajos a realizar. Lo enviamos por parte del lector y en ocasiones solicitudes de prefacios, etc. Una parte apreciable de nuestro tiempo útil se consume en este trabajo que, para nosotros, se ha convertido en rutinario y gratificante, aunque pesa considerablemente sobre nuestras reservas de recursos disponibles de tiempo con el que podemos contar a partir de ahora, debido a nuestra avanzada edad.

Sin embargo, como vemos, es una tarea gratificante, porque una que otra carta ya no es un "encargo" sino un "regalo precioso." Uno de esos casos ocurrió el 6 de noviembre de 1990, cuando abrimos un sobre que contenía una carta sencilla y directa. El escritor comenzó su carta presentándose de la siguiente manera:

"Soy espírita, militante en las filas doctrinarias aquí en el interior de Minas Gerais, donde el estudio y la práctica del kardecismo nos lleva al aislacionismo... etc, etc."

Se quejó de las dificultades causadas por la carencia cultural que padece nuestro país, con repercusiones incluso en el ambiente espírita. Sin embargo, mostró su conformidad con esta realidad que solo puede cambiarse en el largo plazo:

"Sin embargo, no hay nada que lamentar, entiendo que cada uno está en el lugar correcto."

Luego nos informó cómo había tomado conocimiento de nuestra existencia y de nuestro interés en investigar hechos paranormales. Esto ocurrió, según él, después de leer algunas de nuestras obras. Posteriormente, concluyó la carta con estas palabras:

"En segundo lugar, mi carta está motivada por el seguimiento que estoy haciendo a un supuesto caso que sugiere la reencarnación.

Conociendo su interés en el tema y su dedicación a la investigación de este tipo, como lo revela su asociación con el Dr. Ian Stevenson, le pregunto si le gustaría tomar conocimiento de este caso?

En caso afirmativo, díganos cómo serán los datos a proporcionar, así como cuál debe ser la guía de investigación a seguir. Se trata de un niño, que ahora tiene diez años, que se identifica con un adulto que murió en 1972.

A la espera de su honorable respuesta, me despido esperando que su visión y su trabajo siempre se multipliquen, rodeados de mucho éxito."

Atentamente

(a) Luiz Antônio Brasil

Esta preciosa carta fue enviada desde São João del Rei, Minas Gerais, el primero de noviembre de 1990, y llegó a nosotros el seis del mismo mes y año.

No es la primera vez que recibimos una carta informándonos sobre la ocurrencia de eventos paranormales, especialmente casos que parecen reencarnaciones. Generalmente quienes comunican estos casos muestran gran entusiasmo y convicción, solicitando urgentemente instrucciones sobre cómo proceder para investigarlos adecuadamente. Algunos incluso quieren saber cómo publicar inmediatamente los resultados obtenidos. Otros prometen enviar los informes tan pronto como reciban instrucciones y recopilen las "pruebas" y los detalles del caso.

Resulta que la investigación de hechos paranormales espontáneos, como la reencarnación, requiere cierta aptitud por parte del investigador, mucha paciencia y conocimiento previo del tema, adquirido a través de lecturas y estudios más profundos. Por eso, casi siempre, después de enviar el extenso y complejo material de instrucción y ejecución, vemos completamente frustrado nuestro esfuerzo inicial, sin mencionar la pérdida de todo el material didáctico enviado al comunicador.

Normalmente, el entusiasmo del investigador principiante se enfría cuando se da cuenta de los detalles y dificultades que implica una investigación rigurosamente científica; cuando descubre que la investigación de cualquier caso paranormal no se puede hacer de la noche a la mañana, sino que implica un verdadero y laborioso ritual, en el que la relación humana con los protagonistas requiere cariño, paciencia e incluso amor, sin el cual no se pueden obtener datos preciosos y valiosos recursos que enriquecen enormemente el contenido de las pruebas que sustentan la veracidad de los hechos.

En vista de las razones expuestas, confesamos que enviamos, a la mayor brevedad posible, el material requerido al inicio de la investigación del caso denunciado por el Sr. Luiz Antônio Brasil, pero lo hicimos sin muchas esperanzas de obtener un retorno gratificante. Por ello, el 11 de noviembre de 1990 enviamos a nuestro informante los siguientes elementos educativos:

a) Manual para la investigación de casos que sugieren la reencarnación.

b) Modelo n.2 - Cuestionario Preliminar.

c) Tabla de Características y Actitudes Fisiológicas y Conductuales en Situaciones Normales.

d) Cuestionario de Personalidad.

e) Un juego de diez Tarjetas de Datos Personales (FIP).

f) Monografía n.3 - Un caso que sugiere la reencarnación: Jacira.

En la carta que acompaña este material garantizamos que el IBPP mantendrá, como de costumbre, la máxima confidencialidad sobre la identidad del paciente y su familia. Evidentemente, quedamos a su disposición para cualquier aclaración adicional que sea necesaria.

LA SORPRESA

El 4 de diciembre de 1990, exactamente veintitrés días después de que enviáramos nuestra respuesta a la carta del señor Luiz Antônio Brasil, llegó el material de investigación preliminar que solicitamos. Cuando examinamos el abundante y detallado informe, ¡no podíamos creer lo que estábamos viendo! Parecía más bien un sueño... ¡¡¡Teníamos ante nosotros unos dibujos esquemáticos que contaban la historia del caso desde sus antecedentes; todos los cuestionarios respondidos rigurosamente; hojas de información correctamente cumplimentadas; un informe preciso y conciso del caso, todo perfecto y además exquisitamente mecanografiado!!!

De esta manera, gracias a la excepcional eficiencia de nuestro colaborador, pudimos iniciar y llevar a cabo la investigación de este caso. En cada paso de esta investigación, encontramos en el Sr. Luiz Antônio Brasil al amigo adecuado y al valioso colaborador, sin cuya ayuda hubiera sido imposible realizar esta investigación.

São João del Rei está a unos 800 km de Bauru. En un viaje que hicimos a esa ciudad, en una sola etapa, pasamos más de doce horas en auto. Fuimos a visitar a la familia del paciente y a conocer en persona a nuestro colaborador, así como al joven Kilden.

A continuación informaremos lo que pudimos obtener de nuestra extensa investigación sobre este caso.

Capítulo I Histórico

Desde 1961, uno de nosotros (I.S.) ha estado investigando en la India y en otros lugares casos de personas (generalmente niños) que afirman haber vivido antes y pueden recordar detalles de dichas vidas anteriores...

Profe. Ian Stevenson, MD

(*Investigación en Parapsicología*, 1979, p. 72)

VISITA A LA FAMILIA DEL PACIENTE

El veinticuatro de julio de 1992, por la mañana, realizamos nuestra visita inicial a doña Marina y su familia. Nuestro encuentro con doña Marina y su encantadora hija fue un éxito. Ella y su esposo, el Sr. Marciño, tienen hijos y cuatro hijas, seis en total. Todos ellos son muy hermosos y muy educados.

El hijo mayor, que entonces tenía veinte años, es seminarista. Kilden es el cuarto hijo y tenía once años. Es un chico vivaz, simpático y comunicativo. Hablamos largamente con él, pero notamos que sus recuerdos de reencarnación ya habían desaparecido, tal vez sumergidos en su inconsciente. Doña Marina Waterloo es una dama muy inteligente y culta. Licenciada en Pedagogía, publicó obras literarias y ocupa un lugar destacado en el ambiente cultural de São João dei Rei, nos recibió calurosamente y estaba dispuesta a colaborar con nosotros de la mejor manera posible. Para nosotros fue una ayuda preciosa que facilitó enormemente nuestra tarea, facilitando especialmente la preparación de esta monografía.

Doña Marina es una escritora nata y estuvo dispuesta a brindarnos un informe escrito detallado sobre el caso de su hijo. Luego acordamos que, además de responder nuestro cuestionario, ella mantendría correspondencia epistolar, para complementar el informe y el cuestionario.

Doña Marina Waterloo cumplió fielmente su promesa, superando nuestras expectativas, por lo que nos confesamos profundamente agradecidos con esta extraordinaria dama.

Comenzaremos la historia del caso Kilden & Jonathan, tema de esta monografía, ofreciendo al lector, con la debida autorización de la señora Marina Waterloo, el Informe completo sobre los antecedentes y detalles del caso en cuestión.

Pero primero quisiéramos aprovechar esta oportunidad para ofrecer algunas aclaraciones necesarias. Por lo tanto, le informamos que el *Instituto Brasileño de Investigaciones Psicobiofísicas* (IBPP) tiene como norma cumplir con principios estrictamente éticos, protegiendo cuidadosamente la identidad de sus pacientes y sus respectivas familias. Por esta razón, los nombres reales de los personajes y lugares relacionados con este caso fueron cambiados o camuflados intencionalmente utilizando seudónimos y siglas. Aun así, cualquier similitud que pueda sugerir eventualmente una identificación con algún lugar o personajes conocidos será el resultado de la mera casualidad o de una mala interpretación.

Otra advertencia, a nuestro juicio necesaria, se refiere a la personalidad anterior. En el caso de un sacerdote respetable de la Iglesia Católica Apostólica Romana, a algunas personas más sensibles en términos de discriminación religiosa podría parecerles que este trabajo es una artimaña maliciosa diseñada para desmoralizar sutilmente al atroz clero romano. *Ab initio* queremos disipar decisivamente tal suposición, porque aunque no formamos parte de los miembros ni adherentes de ninguna religión, tenemos el máximo respeto por todas ellas, así como por sus sacerdotes, ministros o líderes. Si tuviéramos motivos para combatir cualquier credo religioso, lo haríamos directamente en el ámbito de la lógica y el conocimiento, dentro de principios éticos, y no subrepticiamente, a través de dispositivos maliciosos y subliminales.

Dicho esto, pasemos a la historia del caso Kilden & Jonathan, empezando por el Informe escrito por la propia Sra. Marina Waterloo y titulado Alexandre & Marina.

INFORME ESCRITO POR DOÑA MARINE WATERLOO (ALEXANDRE & MARINA)
PROLEGÓMENOS

La historia narrada en estas páginas fue escrita tal como la vivieron sus protagonistas. Es una realidad que experimentamos. Es el contenido del paréntesis que constituye la vida en este planeta. Cada uno vive su contenido. Algunas son obras inmensas que quedan en actos, que solo el Padre escribe en sus anales. Otros son observados humildemente por los peregrinos en esta Tierra, como es nuestro caso.

Estamos en camino, en el desarrollo de la misión que asumimos, cuando se nos permitió ingresar a un nuevo cuerpo. ¡Luchamos, ahora empantanados en los pantanos inmundos, débiles como somos! Ahora caminamos de cara a la luz, ¡porque nuestra meta es la luz! Luchamos entre momentos fugaces, de placeres fugaces, y momentos introspectivos en los que, en el fondo de nosotros mismos, encontramos el dolor de la pequeñez que, también, lucha con el deseo de grandeza, ¡el deseo de infinito! Caemos aquí... Llegamos allá arriba... Y así, vamos...

¡Cuántas veces, la angustia y la incredulidad por lo efímero nos muestran que debemos levantar la cabeza, porque hay algo más importante! ¡Cuántas veces, la mirada del hermano que sufre es la flecha que aun nos falta para encontrar de nuevo nuestro camino!

El desarrollo mismo de los acontecimientos palpables es algo profundo que proviene de nosotros mismos, como espíritus, y que nos muestra la realidad de la reencarnación.

Así, fue necesario que viviéramos momentos de angustia, en otra ciudad, en 1968... Fue necesario que atravesáramos dolores que considerábamos superiores a nuestras fuerzas... Fue necesario que el padre Jonathan, nuestro amigo, volviese como Kilden Alexandre...

Esperando que el Señor de la vida nos bendiga y nos dé fuerzas, para caminar hacia la perfección espiritual, terminamos esta breve introducción mostrando la belleza de este soneto reencarnacionista, firmado por Renato Travassos, del libro de Clovis Ramos: *El Transmigrante*.

¡Vengo de otros mundos!
Siento cada momento
Las sombras de una vida ya vivida
Lejos, en otro lugar, en otra vida
Bajo un cielo más azul y lejano.

Es de otros mundos, por donde vagué
Y por fin, mi alma se intimida
Este vago recuerdo indefinido
¡Y triste, persistente y tortuoso!

Y así, en tiempos de aflicciones atroces,
veo cosas extrañas en mi mente.
Y escucho voces oscuras dentro de mí...

Tengo amargas pruebas de vidas pasadas.
Y todavía siento, para mi tormento,
que viviré millones de vidas nuevas.

Primera parte

Después del segundo timbre, salimos del dormitorio y bajamos las escaleras hacia la capilla. Era el comienzo del curso escolar de 1968. Todos los estudiantes internos ya estaban en la Escuela Normal, incluidos algunos recién llegados.

A la entrada de la Capilla, nuestra sorpresa fue grande al darnos cuenta que nuestro capellán del año anterior no estaba y, en su lugar, nos esperaba sonriente un sacerdote muy moreno, de pelo rizado.

El asombro fue general. Muchos se sintieron realmente decepcionados y algunos, los más infantiles, se echaron a reír. Él también se rio y saludó a algunos de ellos diciendo sus nombres. Muchas de sus compatriotas estaban allí.

Entramos y comenzó la Santa Misa, en un ambiente de descontento general. Es más, nadie cantó como es debido, nadie rezó como es debido, excepto las Hermanas.

Después de Misa, todos fuimos al refectorio y rápidamente tomamos café para comenzar nuestras clases; las primeras clases del año. En la cafetería, el tema del orden del día era el cambio de capellán. Muchos no se conformaron, porque amaban al capellán del año anterior. Otras, que no toleraron al nuevo capellán, fueron sus compatriotas. Solo más tarde me enteré de tal antipatía. El grupo de las más pequeñas e inmaduras encontraron al sacerdote tan feo físicamente que empezaron a detestarlo a primera vista. Por mi parte, la actitud de mis compañeras me pareció inhumana, infantil y ridícula. ¿Por qué juzgar a las personas por las apariencias?

¿Cómo cambiaría el Rito Sagrado si el sacerdote fuera físicamente feo? Y lo que más me impresionó fue que niñas de tercer año de Normal, casi maestras, hijas de familias distinguidas y hasta familiares de monjas, se comportaran de manera tan ruin.

Todavía estábamos en el refectorio, en ese ambiente tan falto de caridad, cuando apareció el nuevo capellán - el antiguo nunca había visitado nuestra cafetería -. La indignación de mis compañeras llegó a su punto máximo. Y todas refunfuñaron, rieron suavemente y comentaron algo en voz baja.

- ¡Buenos días, buenos días! ¿Cómo está doña María?

– Buenos días – respondimos solo cuatro de nosotros.

– ¡Tantas chicas! ¿Cuántas son ustedes?

– Noventa y seis – respondió la Hermana asistente, acercándose a él, pues había notado la hostilidad de las chicas.

Él y su hermana hablaron un poco, y luego él dijo:

– ¡Hasta luego! ¡Estudien mucho!

Él sonrió y se fue.

Todas permanecieron en silencio. El silencio que siguió fue uno de esos silencios pesados, impregnados de malestar, de conciencia culpable, de una atmósfera desagradable.

De repente, una de mis amigas del internado, la más atrevida, se levantó y dijo:

– ¡Qué exageración, muchachos! ¿Qué hizo el pobre cura para ser tratado así?

Casi todos abuchearon.

– ¡Pueden abuchear! – Gritó mi amiga -. ¿Dónde está tu caridad? ¡Qué falta de madurez!

En ese momento sonó el timbre de inicio de clases. En silencio, salimos de la cafetería y nos dirigimos a nuestras clases.

Estaba iniciando mi segundo año Normal. El entusiasmo, las ganas de vencer, la alegría de vivir, la sed de conquistar la cima de la intelectualidad me convirtieron en una chica muy responsable y comprometida.

Nuestra primera clase fue de portugués. La misma profesora del año pasado, sor Antônia, entró sonriendo, roja como siempre, y nos dio la bienvenida. Hablamos un poco. Cuando volvió a reinar el silencio, sor Antônia preguntó:

– ¿Alguien recuerda un dicho que le dije varias veces el año pasado?

Sor Antônia, cuando nos hablaba, siempre sonreía incluso cuando estaba enojada, y sus ojos verdes, de un verde profundo, oscuro, penetraban en nuestra alma.

Levanté la mano.

– Dime, Marina.

Me levanté y, como ya había hecho de ese "dicho" mi dicho favorito, dije en tono solemne:

– *"Los mayores fracasos son aquellos que nunca han fracasado, porque temen el fracaso."*

- ¡Excelente! ¡No lo olvidemos muchachas!

Durante la clase, Edilene, mi compañera de internado, me dio curiosidad, diciendo que tenía una revelación para hacer, pero solo lo haría en el momento oportuno.

Pasaron los días y el descontento de las niñas aumentó. ¡Fue durante este período que descubrí lo vacía que es la gente y que el racismo profundo domina en Brasil!

Durante todo el día se podía oír a las niñas murmurar contra el padre Jonathan. Así se llamaba: Padre Jonathan.

Sin embargo, me era indiferente esta historia de querer a una persona más que a la otra. Nunca había hablado con el capellán del año anterior, el padre Jodi. Las internas que siempre estuvieron cerca de él eran las mismas cuatro pequeñas magnates de la Escuela Normal. Chicas al inicio de un antiguo curso de secundaria. Hijas de grandes agricultores e industriales, conocidas por el padre Jodi incluso antes de ingresar en el internado. El padre Jodi era sobrio y piadoso, no se mezclaba y no buscaba intimidad ni bromas entre las internas. Sin embargo, seguía siendo muy amigable y dulce.

El padre Jonathan era todo lo contrario. Desde el primer día se arrojó en medio de las niñas y jugó con todas ellas, fingiendo no notar sus risas burlonas y sus antipatías infundadas.

Durante las misas, que se celebraban diariamente, a las seis y media de la mañana, se podían notar varios murmullos y miradas entre mis compañeras de estudios. Era una atmósfera extraña y desagradable. Las misas celebradas por el padre Jonathan se parecían cada vez más a comedias de circo, tal era la falta de respeto que imperaba. Mi colega Goreti y yo llegamos pensando que las Hermanas iban a tomar alguna medida para cambiar al capellán de la Escuela. Sin embargo, no pasó nada.

Después de aproximadamente un mes, el padre Jonathan ya había completado casi toda la pasantía. En ese momento pensé que era atrevido de su parte lanzarse así, cuando el ambiente era totalmente hostil. Hoy; sin embargo, sé que no se trataba de audacia; Detrás de aquel hombre oscuro que estaba siendo víctima del desprecio general, había una virtud, muy despreciada en nuestros días, escrita con letras mayúsculas: LA HUMILDAD.

Ese cuerpo casi poco elegante, esos cabellos encrespados y, sobre todo, ese lenguaje inculto cobijaban un alma pura y simple.

Hasta el momento en que conocimos al nuevo capellán, solo sabíamos de sacerdotes hoscos que se encerraban en la Sacristía y se marchaban después de Misa. Ningún otro sacerdote buscó jamás saber nuestro nombre, nuestra patria, etc.

El padre Jonathan fue un escándalo entre nuestros "Sepulcros Blanqueados..."

Una vez, durante la pausa del almuerzo, la hermana Nivanda pasó junto a mí y me dijo:

– He notado algo que me pone muy triste, Marina.

– ¿Qué, hermana Nivanda?

Le pregunté muy asustada, mientras estaba apoyada en un pilar del pasillo, fingiendo ver un partido de voleibol.

– Ven aquí, Marina.

Y continuó caminando hacia la sala de música.

- ¿Qué está pasando? El año pasado hasta la madre inspectora vino al recreo de las internas para jugar una partida de ping-pong contigo... ¿Crees que no lo sé? ¡Estuviste entusiasta, alegre, brillante! ¿Y ahora qué, Marina? Solo te veo en los rincones, mirando de lejos... no participas más... ¿Por qué, Marina? ¿Qué está sucediendo? Algo repentino debe haber sucedido... Puedes confiar en mí. O, al menos, encuentre a alguien en quien confíes e intenta abrirte.

Habíamos llegado a la sala de música. Sor Nivanda me miró a los ojos, intentando descubrir el secreto de mi alma.

– No, hermana Nivanda, no tengo nada. Solo extraño a mis padres y hermanos.

– Sabes que no lo creo. Extrañar a los tuyos, siempre los tuviste y nunca te sentiste deprimida... en el mundo de la luna...

– Es solo un aburrimiento temporal... Creo que sí, hermana Nivanda.

Ni siquiera sabía lo que me estaba pasando. Y hasta ese momento en que la hermana Nivanda notó mi extraño comportamiento, yo no lo había notado.

– Por favor, hija, y vuelve a ser la Marina del año pasado – dijo sor Nivanda y entró al salón de música.

Regresé con la cabeza gacha, pasando, sin darme cuenta, entre las internas que jugaban emocionadas. Cuando llegué al final del almacén, las notas del piano me apuñalaron el alma. Era *Le Lac de Como*.

La Hermana Ita, nuestra asistente, me asignó el cuidado de la Biblioteca, durante el tiempo que la Hermana Bibliotecaria estaba en otras ocupaciones.

Durante el año anterior fui auxiliar en la Secretaría y como ahora había una nueva Secretaria me despidieron, ya que según ella el trabajo era poco. Ayudé a organizar algunos trabajos a principios de año y me hice cargo de parte de los servicios de la Biblioteca.

Estaba feliz, porque en la Biblioteca tendría la oportunidad de dedicarme a la lectura, que era mi punto fuerte, siempre había sido mi punto fuerte.

Las ventanas de la biblioteca daban a un patio triangular, adyacente a la sala de música. En el patio, un gran aguacatero... Algunos otros arbolitos, que se han borrado de mi memoria... Lo que; sin embargo, insiste en gritar dentro de mi alma es una triste Bienvenida, que toda la tarde lloré, convirtiéndose en un tormento para a mí...

La puerta daba al pórtico principal, cerca del vestíbulo.

La nostalgia, la angustia y un amargo sentimiento de soledad se apoderaron de mí, poco a poco. Y fue solo la lectura de escritores, que ninguna chica de mi edad haría, lo que me hizo olvidar ese extraño momento interior que azota un mundo tan feliz y tan mío.

Después de ser mentora de una joven de la escuela diurna que había ido a investigar, comencé a leer Cronin. Muy concentrada en una de sus descripciones, tuve un sobresalto que me hizo sentir dolor de cabeza, cuando escuché la voz del padre Jonathan, afuera de la Biblioteca.

– ¿A qué hora comenzarán las confesiones mañana? – Escuché al padre Jonathan preguntarle a alguien.

– A las tres – respondió una voz, que reconocí como la de la hermana Alice.– ¿Solo para las internas, mañana? – dijo el padre.

- Sí señor. Solo para internas.

Empecé a temblar, sin motivo alguno. Ese tema me dejó perturbada. Cerré el libro de Cronin y me levanté. Me dolía la cabeza. Las manos temblaron y el corazón latía despedido. Me apoyé en la mesa y, por primera vez en mi vida, sentí participar del amargo drama de la existencia. Sufrimiento, ya había sufrido mucho; sin embargo, algo del alma, algo dramático, recién en ese momento me estaba sucediendo profundamente a mí, Marina, estudiante de segundo año de Normal, pobre y alejada de mi familia. Pero, ¿qué estaba pasando realmente? Me pregunté a mí misma. Nada, respondí. Era una gran estudiante, querida entre sus compañeras y profesoras, reflexiva y observadora del Reglamento del Colegio... ¿Sería masoquismo sufrir, aun sin saber el motivo?

La chica externa, que estaba investigando en la esquina, me entregó el libro y se fue. La bibliotecaria entró rápidamente y oliendo a jabón. Se sentó, se puso las gafas y me despidió.

Tan pronto como salí de la Biblioteca, sonó el timbre para terminar el período de estudio y comenzar a rezar el Rosario. Cuando subí, llevando mis objetos a la sala de estudio, ya bajaban las internas, en pequeños grupos, según amistades y preferencias.

Nuestro Rosario se rezaba diariamente a las cinco de la tarde. Luego cena y luego recreo.

Cuando llegué a la Capilla, las niñas ya estaban allí, arrodilladas, esperando que la Hermana comenzara el rezo del Santo Rosario.

– La misa de mañana será un Réquiem, ¿sí, hermana Alice? La voz del padre Jonathan sonó fuerte desde el interior de la Sacristía.

Un escalofrío recorrió mis huesos, de la cabeza a los pies. Y, antes de llegar a mi lugar en la Capilla, escuché a Sor Alice responderle:

– Sí, padre Jonathan, ya está todo preparado.

Me arrodillé. Un último y triste resplandor del Sol proyectó su visto en las vidrieras multicolores de la capilla. Los lirios del altar me recordaban la pureza y su aroma acariciaba mi alma.

– Virgen Santa – oré en silencio – ¡no me abandones jamás! ¡Cada persona es un misterio y yo soy tan complicada! ¡Dame valor para enfrentarme a mí misma!

Lágrimas silenciosas corrieron por mi rostro y gotearon sobre el frío suelo entre los bancos. No sabía lo que estaba pasando, pero me sentía cada vez más impotente y sin rumbo. El rosario terminó rápidamente, pero ni siquiera recé un Ave María.

Al salir de la capilla nos encontramos con el Capellán, de brazos cruzados, fuera de la Sacristía.

Nos hacía una broma a cada una de las que pasábamos, haciendo que una u otra se detuviera a hablar.

Mis compañeras ya se habían acostumbrado a esa forma sencilla y extrovertida. En el fondo; sin embargo, en cada una había una cierta actitud de desprecio y, cuando había oportunidad, siempre había susurros y risitas.

El padre Jonathan permaneció en nuestra Escuela Normal más tiempo que los demás sacerdotes que estaban allí.

El colegio de hombres, perteneciente a la misma Congregación de monjas que la Escola Normal, estaba frente al nuestro, en una posición privilegiada, sobre una alegre colina, dando la impresión que, muy abajo, el barrio de Coqueirais se arrodillaba a sus pies...

Después de la cena comenzaron en todos los patios juegos, juegos y largas y animadas conversaciones.

Había caído la noche y las estrellas ya brillaban en el cielo todavía despejado. El ruido y los gritos de las internas en el recreo contrastaba con la calma de las primeras horas de la tarde. En el cielo despejado, de vez en cuando pasaba algún buitre que me recordaba mis días de infancia en mi tierra natal.

Me detuve en el pórtico frente al pabellón principal. Miré. Las viejas paredes, con varias manchas negras, marcas del tiempo y de la naturaleza, me parecieron hostiles. También las viejas ventanas, ya sin pintar, eran como los dientes de una bruja apretados contra mí, en una risa diabólica... Por encima del viejo tejado, las grandes palmeras de la plaza me miraban en silencio, como si alguien muy superior me estuviera observando. Yo, con los ojos muy abiertos y fijos siniestramente...

– Tú... "no participas más..." Recordé las palabras de la hermana Nivanda. Tú... "no participas más..." Me pasé ambas manos por la cara, entrecerrando los ojos para protegerme de la visión hostil del antiguo pabellón de la Escuela Normal.

Salí de allí y traté de hablar con las chicas de mi curso. Sin embargo, me rendí, regresando a mi asiento... No participaba... ¿Por qué? ¡No había ninguna razón! Simplemente no participaba. Y lo peor es que no sabía lo que pasaba dentro de mí. A veces una angustia tortura mi alma; otras, un deseo infinito de poseer algo o de ser poseída por algo indefinido... Un sentimiento de ser una herida en el Universo, un deseo de sufrir cada vez más... Penetrar en el extraño mundo de la nostalgia, lo bizarro... ¡De la nada!

Lágrimas silenciosas rodaron fácilmente por mis mejillas, deformando esa carita feliz que siempre tuve. Fe, piedad, oraciones... todo quedó a un lado y, solo una herida viva, que era yo, palpitaba y sangraba sin ayuda...Pasé mi mano derecha por mi cabello y noté que era largo y sedoso, pero había abandonado incluso mi vanidad femenina.

Fue un colapso total. El fin del espíritu. El imperio de la materia en el cuerpo humano.

Escuché la señal y caminé mecánicamente, entre las demás, hacia el estudio. Allí me sentí más protegida, sin correr riesgos.

Miré el calendario del día siguiente y vi que habría prueba de Portugués. Un destello de felicidad me atravesó. Esa llama que eran las ganas de estudiar y ser Alguien con mayúscula no se había apagado. ¡No! ¡Esta llama nunca se apagaría! Aunque me cueste el sufrimiento más grande y absurdo.

Cuando abrí el libro en portugués, encontré una hoja de papel escrita a lápiz. Leí:

"En el primer plano de nuestras vidas, a menudo hay un árbol que oculta el bosque a nuestros ojos." (por Michel Quoist)

Lo leí de nuevo, intentando analizar las palabras del gran señor Quoist, según todo lo que pasaba en mí. ¿Podría haber algo peor? ¿Será la angustia el árbol del primer plano? ¿Y el bosque? ¿Qué sería el bosque en la gran tierra de mi alma? El bosque... pensé. Solo el tiempo puede revelar el bosque...

Me sentí muy bien en la prueba de portugués. ¡Yo era feliz! Sor Antônia fue una gran maestra y una excelente educadora. Su espíritu evangelizador se notaba, incluso durante las clases de gramática y literatura. Ella exigió que entendiéramos que nuestra formación debía ser completa. De nada servían la cultura, la información y la inteligencia si no había un cambio de comportamiento, siempre para mejor.

Nuestra formación religiosa fue muy rigurosa e, incluso en 1968, que era el umbral de profundos cambios educativos y sociales, la Doctrina Religiosa era una asignatura obligatoria en el Currículo.

Por eso, teníamos todo a nuestro alcance: un ambiente para crecer sin dificultades externas, acompañamiento de las Hermanas las veinticuatro horas del día y una enseñanza rigurosa durante las clases.

La juventud era más dócil en aquella época, aceptando las enseñanzas teológicas sin controversia y con fe.

La Doctrina Católica, soberana e infalible - ¡nunca cambiaríamos de religión! -, nos mostró el Infierno y el Cielo, transformados en "estados del alma" – no un espacio específico en la corteza terrestre, donde demonios y ángeles esperaban a los "Bienaventurados y Malditos del Padre."

Todo se estaba transformando. Dios se estaba volviendo menos severo. La orientación a los catequistas se daba de tal manera que, en primer lugar, debían estar convencidos que "el cielo y el infierno son estados del alma" y no un lugar – abajo y encima de la Tierra, como se pensaba – de fuego, tenedores clavados o ángeles cantando entre estrellas centelleantes... Era necesario cambiar muchas cosas equivocadas, empezar a decirles a los niños la verdad.

A partir de entonces, la Iglesia empezó a reconocer que había sido demasiado rígida en el pasado y a sufrir las influencias de los nuevos tiempos. ¿Pablo VI no era Papa profundamente existencialista? ¿Fue el Concilio Vaticano II una mera reunión de la Cumbre Eclesiástica?

Las Encíclicas Papales fueron estudiadas diligentemente por nosotras, y en cuanto a nuestras dudas, que eran pocas, las Hermanas inmediatamente intentaron aclararlas.

En cuanto a mí, 1968 fue un año de oscuras batallas en el plano interior. Además de la inexplicable angustia que me había estado atormentando, el estudio de algunos filósofos comenzó a hacer tambalear ciertas normas arraigadas en mi esencia, cosas que consideraba únicas, infalibles e inmutables. La Teoría de Platón me asombró, aunque mucha gente la consideraba absurda. La profesora de filosofía se limitó a explicar el tema, sin demostrar jamás su punto de vista. Y nosotros, ante cada nueva teoría presentada, reaccionábamos pensando que todo era realmente correcto.

En cuanto a religión, había una palabra que estaba muy de moda en aquella época y que nos gustaba mucho. Fue "compromiso." El cristiano debe ser siempre un hombre comprometido. Yo era una joven católica dinámica; sin embargo, en el fondo, siempre intentaba cuestionar, tratando de buscar ciertas verdades que no podían explicarse, los "dogmas." Son dogmas. No hay explicaciones, utiliza estos dogmas que, varias veces, abandoné la comunión diaria, tratando primero de comprender y luego adherirme.

Mi cuaderno guardaba interesantes reflexiones de nuestro retiro espiritual de 1967: "La fe es adhesión a la persona de Cristo. Por tanto, a la Iglesia."

En aquel momento, aun en medio de las dudas, las ignoramos, porque la verdadera fe era creer a ciegas. Era creer sin preguntas, tal como propone la Iglesia. "La fe es adhesión a la persona de Cristo." Declaración correcta. Si no crees, no puedes unirte.

Unirse a la Iglesia no fue difícil. ¡La joven creyó y eso fue todo! Hoy en día hay más cuestionamientos, la gente moderna prefiere una fe racional. Prefieren estudiar, investigar y evolucionar, sabiendo que creen porque entienden. Se unen porque entienden y creen. La luz ya no está debajo de un almud.

A la una se escribió un cartel en la pizarra de estudio: "Hoy habrá confesiones a partir de las tres."

Leí la advertencia. Me senté y quedé perpleja. No sabía si acercarme al confesionario o no. Por qué, ¿Dios mío? Siempre hacía mi confesión semanal, mis comuniones diarias... ¿Por qué un cambio tan repentino?

– Hermana Ita, voy a la Biblioteca, mientras la bibliotecaria me dejó las llaves, le dije casi feliz, sabiendo que no tendría tiempo de confesarme.

– ¡Oh, sí, Marina! Así que baja y habrá mucho trabajo allí hoy.

Tomé mis cuadernos y bajé las escaleras.

Muchas alumnas externas e internas me esperaban en la puerta de la Biblioteca. Nada más abrirla entraron buscando los primeros asientos. Casi todas eran de la escuela secundaria. Una vez que todas fueron atendidas y ya estaban agendando sus citas, me senté y comencé mi trabajo de Didáctica, sin interrupción.

A las dos y media minutos sonó una voz en la entrada del patio. Era el padre Jonathan que llegaba.

- ¡Qué silencio! ¡Parece que no hay muchas chicas viviendo aquí! – Le dijo a la hermana en la recepción.

- Sí, señor. Están en el estudio.

– ¿Aun no han bajado?

- No, señor. Les avisaré que ya estás esperando en el confesionario.

Incluso si quisiera, no podría acercarme al Sacramento de la Confesión. Estaba sola, con la responsabilidad de la Biblioteca. Y eso me provocó una cierta felicidad, un cierto alivio.

Las internas bajaron a la Capilla, en grupos de seis, y cuando se dio la señal de finalizar el período de estudio, el sacerdote aun se encontraba confesando.

Cerré la biblioteca y me dirigí a la Capilla, cuando ya había comenzado el rosario. Entré y traté de no darme cuenta que el padre Jonathan todavía estaba sentado en el confesionario.

✳ ✳ ✳

Nuestro dormitorio era muy grande, con infinitas ventanas que daban al patio interior. Este patio tenía un cobertizo en forma de L, varias habitaciones con un piano en cada una; la sala de música, muy grande; varias instalaciones sanitarias, con armarios internos para guardar cosas íntimas. En el almacén había varias mesas de ping-pong y sobre el césped siempre verde del patio, tres canchas de voleibol; más allá, dos canchas de baloncesto que estaban abandonadas.

Todo el patio estaba rodeado de pequeñas palmeras que, a pesar de ser jóvenes, ya podían asomarse al piso de arriba, dentro de nuestro dormitorio. Continuando por el patio, de un lado y del otro, hay grandes anacardos y debajo muchos jilós.

Durante las noches más cálidas, las ventanas de los dormitorios permanecían abiertas. Como me faltaba el aire, mi cama siempre estaba cerca de una de ellas. Quiero aclarar sobre esto que expliqué como dificultad para respirar:

– Hermana Ita – le pregunté una vez –. Me gustaría dormir cerca de la ventana, porque por las noches me falta mucho aire. Si no te importa, sería muy feliz.

– ¡Por supuesto que puedes poner tu cama cerca de la ventana, Marina! Y, si sientes falta de aire, es necesario acudir al médico; A tu edad no es común. ¿Cuándo empezó?

– No es exactamente falta de aire, hermana Ita, empezó cuando yo era aspirante allí en BH. Estaba bajo la ducha cuando, de repente, algo se apoderó de mi cuerpo. Algo extraño me asfixiaba, me mareaba y sentía como si mi cuerpo se hiciera demasiado grande, mis brazos y dedos estaban desproporcionados, todo se volvía grueso y enorme. Fui al médico y me dijo que estaba bien, que no había nada, ¡nada! A partir de ahí siempre siento estos síntomas extraños y, a veces, incluso me doy cuenta que no soy yo. Los objetos cerca de mí se vuelven tan pequeños y groseros que creo que me estoy muriendo.

– Marina, mañana te llevaremos al médico. No te dejes impresionar, no es nada grave, ya verás.

La noche era avanzada y, bajo la ventana, se podía ver la Luna en el cielo despejado. Las estrellas, tan lejanas, bañadas en la luz de la Luna no era tan hermosa como las hojas de palma cerca del dormitorio. El césped del patio parecía brillar y, en el silencio nocturno, interrumpido solo por los ronquidos de mis compañeras, mis dedos comenzaron a espesarse, mis brazos y mi cuerpo... La respiración se veía interrumpida, casi a cada minuto, por una extraña urgencia... eso se sintió como la muerte. Me senté en la cama y luego me acosté. Intenté respirar profundamente, de cara a la ventana; sin embargo, la debilidad en mis rodillas y brazos me dejó casi paralizada. Abrí la boca, queriendo tragar la mayor cantidad de oxígeno posible. Todo en vano. Ese mal no era nada nuevo para mí, pero cada vez que ocurría me dejaba más aterrada.

Durante los minutos que duró este extraño fenómeno, una luz de Luna diferente invadió mi memoria; se me dibujó una mansión, como si fuera un palacio opulento, y una habitación lujosa; sin embargo, sin mostrar muchos detalles... En esa habitación, una escena repugnante que no pude entender - que; sin embargo, estaba obligado a aceptar -, y un hombre muy blanco, extraño, con aspecto anormal...

Tales escenas no ocurrían con claridad, lo que me obligaba a torturar mi memoria, para descubrir algún pasaje similar de mi infancia, o de alguna lectura que hubiera hecho. No fue lectura, ni algo de la infancia, yo era el dueño adulto de esa lujosa habitación, la figura principal de esa luz absoluta.

Fue algo real, experimentado por mí y que la memoria no pudo capturar por completo.

Tan pronto como mi enfermedad desapareció, finalmente pude dormir, con la cabeza adolorida y pesada.

Los domingos por la mañana íbamos a caminar, por la plaza, por los barrios o íbamos al Colegio dos Priests.

La Parroquia de San Paulo estaba frente a la puerta de la Escuela Normal, separada de ella solo por el jardín de la Praça dos Coqueirais. De vez en cuando, en ocasiones festivas, íbamos a Misa en la Parroquia.

Nos quedábamos en el Colegio dos Priests, desde las ocho y media hasta las once o las once y media. Escuchábamos música, bailábamos y jugábamos varios tipos de juegos. Luego de la llegada del padre Jonathan a la ciudad de NP, nuestras visitas a la escuela de hombres fueron más placenteras, ya que tuvo mucho gusto en recibirnos y hacernos compañía todo el tiempo. Desde lo alto de la colina, en actitud meditativa, en esas mañanas claras, contemplaba el misterioso esplendor de la Praça dos Coqueirais. - La realidad siempre es más impactante que los sueños... -. Siempre fue saludable sentirse en un pedestal, aunque sabíamos que ese pedestal era solo una colina con un edificio habitado por algunos sacerdotes.

En el jardín de la plaza, hombres y mujeres jóvenes caminaban distraídos, después de la misa de las nueve - la juventud es; sin embargo, una época hermosa, tan llena de sufrimientos, de interrogantes, de incertidumbres...-. Siempre era saludable observar a los jóvenes del Movimiento Juvenil de Acción Social (Masju) felices, esperanzados y decididos, aun sabiendo que estos jóvenes personas no eran parte de mi mundo, de mi vida...

Estaba tan absorta que no noté que el padre Jonathan me miraba sonriendo.

- ¡Ey! ¡Vuelve a la realidad! - Me dijo, chasqueando los dedos ante mis ojos.

– ¡Padre Jonatán! ¡No sabía que aparecerías aquí!

– ¿Pensando en qué, Marina?

– Entonces, ¿sabes mi nombre?

– ¿Por qué no lo sabría?

- ¡No lo sé! Tanta gente...

Él sonrió, mirándome a los ojos. Sus pequeños ojos negros parecían inquisitivos, parecían buscar algo más profundo que esas palabras banales.

- Padre Jonathan, ¡me parece tan hermosa la Plaza! ¡Especialmente cuando estoy aquí en esta colina!

– Colina... colina... niña...

– He visto que te gusta rimar.

Él sonrió feliz y no prestó atención a mi referencia poética.

– ¿Cómo te va en clase?

– Bueno, ¿sabes qué serie estoy estudiando?

– Según Normal – me respondió con naturalidad.

– ¿Cómo lo sabes, si nunca hablamos?

– No sé cómo me enteré. ¿Por qué, Marina, nunca te confiesas?

– ¡Estás muerto, padre! Entonces, ¿informan quién va al confesionario y quién no?

– ¿Por qué, Marina? – Me preguntó con la cabeza en alto, en voz baja y casi con ternura.

– Sabes, padre, a veces quiero, pero pierdo el coraje cuando llega el momento.

- ¿Siempre fue así?

– No señor, solo ahora, en este desafortunado año de 1968.

– ¿Por qué mala suerte?

– No lo sé, padre Jonathan, pero extraño el año pasado. Afronté la vida con más optimismo, con más ilusión...

– ¿Y por qué perdiste el entusiasmo?

– Parece que la tristeza y la angustia del mundo entero de repente se apoderaron de mí.

– ¡No lo digas así, suenas como una vieja gruñona!

– Quizás, pero es la realidad.

La hermana asistente aplaudió, reuniendo a la clase. Todos empezaron, poco a poco, a jugar y bailar y a acercarse a ella.

– Ya es hora, nos vemos mañana, padre Jonathan.

– Nos vemos mañana, Marina. ¡El jueves te quiero ver en el confesionario...!

- Voy a intentarlo. ¡Hasta luego, padre!

El día transcurrió sin incidentes y la noche fue aun peor. Si pudiéramos adivinar lo que la vida nos depara a cada uno de nosotros, no saborearíamos un momento de felicidad, ni la gloria de la purificación a través del sufrimiento... El mundo fue diseñado de tal manera que el hombre, aunque impotente, ante la fuerza del Universo, todavía tiene derecho a elegir, a debatir y, al final, todavía puede ser coronado por sus batallas... Más por batallas que por victorias... Han pasado quince días desde mi conversación con el padre Jonathan, en su colegio.

Estaba entrando al salón de clases, después del recreo, cuando alguien hizo un leve "silencio" en el pasillo. Miré y vi al Capellán saliendo de la Sacristía.

- ¿Qué clase? - Él me preguntó.

– Filosofía – respondí, casi sin darme cuenta.

– No fuiste, ¿eh?

– ¿Dónde, padre Jonathan?

- A confesarte.

– Todavía iré. No creo que tenga ningún pecado grave - dije en tono de broma y entré a la habitación.

– ¡Psst! ¿¡Qué prisa!?

– Clase complicada, padre. No puedo perderla. Hablamos otro día.

- Bien. Entonces entra.

Un bonito nombre ya estaba escrito delante de mis compañeros: "Jacques Maritain."

- ¿Quién es? – Le pregunté a Edilene.

– ¡No lo sé, Marina! ¡Odio la filosofía!

– ¡Qué mal humor! Debe ser algún filósofo, ese tal Maritain.

De hecho, el profesor inmediatamente dictó:

– Jacques Maritain es un filósofo francés, nacido en París en 1882. "Estudiante de Bergson, se opuso al pensamiento del profesor, en nombre de la ortodoxia católica y del neoescolasticismo.

Poco ortodoxas, sus declaraciones buscaron la cooperación de varios enfoques de la realidad, incluidas las contribuciones del inconsciente freudiano, los arquetipos colectivos de Humanidad de Jung y los rituales mágicos de los pueblos tecnológicamente atrasados.

Proclamó que los cristianos tienen un compromiso moral con la solidaridad para establecer la justicia social."

Después del dictado, la maestra notó que algunas de nosotras querían hacer preguntas:

–¿Quién fue Jung y qué son los arquetipos colectivos? – Preguntó Joanita.

– Carl Gustav Jung fue un psiquiatra y analista suizo. Fue partidario y colaborador de Freud, pero luego se separó de él.

Los arquetipos - de Jung -, significan ideas como modelos eternos de las cosas. Para Jung, el hombre es un ser colectivo. Representa a su especie y después de la muerte se reincorporará al mundo de los arquetipos - o ideas -, donde todos se reunirán formando un colectivo.

– Incluso suena a teoría reencarnacionista oriental - dije en voz baja.

– ¿Qué dijiste, Marina? – Preguntó la hermana sonriendo.

– Dije que la teoría de Jung es casi similar a la Teoría Reencarnacionista Oriental.

- Es así. Tienes razón. Entre Jung, Platón y las teorías reencarnacionistas hay ciertas cosas en común...

– Es interesante hermana, si recordamos cosas del mundo de las ideas a lo largo de nuestra vida, como decía Platón, ¡es porque existimos antes!

– ¡Marina! – Dijo la maestra, casi enojada –, vamos con Maritain. Todos se rieron.

No le presté más atención a Maritain. Esa observación sobre Jung me emocionó tanto como la lección sobre Platón del mes anterior.

¿Por qué sigo recordando cosas que no experimenté? O sea, no viví aquí después de nacer... ¡Dios mío! ¡Qué complicación! Ese castillo o palacio tan iluminado...

Qué Luna tan clara... alguien blanco y asqueroso tratando de imponerse... Nuevamente, en una clara mañana de lunes, en plena clase de Filosofía, ¡estaba masacrando mi memoria! ¡No! ¡No era justo sufrir así por algo tan extraño! Pero no dependía de mí. Era un recuerdo lleno de niebla... pero un fragmento de algo...

Sócrates... Platón... Jung... ¡Curiosamente, Maritain es católico y busca cooperación en teorías que la Iglesia no acepta...!

Mi meditación fue interrumpida por la señal, dando por terminada la clase de Filosofía. La siguiente clase sería Didáctica.

La víspera del veinticuatro de mayo bajé a la Capilla para confesarme. Varias compañeras ya estaban allí, entre ellas Edilene. Ella me llamó y me dijo, en voz baja, ocultando su boca con el velo.

– Marina, esta es la primera vez que me confieso, en 1968. Mañana será mi primera comunión de este año.

- ¿Por qué? ¡Siempre te confesaste y recibiste la comunión!

– ¿Recuerdas esa revelación que prometí hacerte?

- ¡Sí! ¿Qué es?

– ¿Recuerdas la historia que te conté el año pasado, de un vicario de mi país, abrazando a una niña en la Casa Parroquial?

– ¡Por supuesto, Edilene! ¡Me acuerdo! ¿Y esto qué tiene que ver con vuestra separación de los Sacramentos?

– ¡Marina, todavía no lo entiendes! ¡El vicario de la historia es el padre Jonathan! ¡Él es mi compatriota! Fue vicario allí, antes de partir hacia São Paulo.

El pánico me invadió por completo, pero tuve fuerzas y le dije, casi tartamudeando, a mi amiga:

– Edilene, creo que un error no justifica el otro. El sacerdote es un hombre como todos los demás y sujeto a caídas, como cualquiera de nosotros. Lo que importa, Edilene, es que esté autorizado para ser ministro de Cristo. ¿No cometió un error Pedro, el primer jefe de la Iglesia? ¡Y él fue elegido directamente, por el mismo Cristo! Amiga mía, los sacerdotes cometen errores porque son humanos, ¡pero la Iglesia permanecerá! Y depende de cada una de nosotras entender esto. Tirar piedras no lo soluciona. ¡Lo que importa es que hagamos nuestra parte!

– Ayer hablé con la hermana Ita, Marina, y le conté todo. Entonces ella me aconsejó que viniera hoy al confesionario. Me dijo casi todo lo que me acabas de decir. Estoy más emocionada. Lo intentaré, ¡pero solo Dios sabe lo difícil que es...!

– Edilene, también es la primera vez que vengo al confesionario, con el padre Jonathan.

– ¿Entonces tampoco te has confesado este año?

– Sí. Con la confesora de las Hermanas.

– ¿Y por qué no con el padre Jonathan?

– No lo sé, Edilene. Me falta coraje. El padre Jonathan ejerce sobre mí una fuerza extraña, no sé cómo explicarlo...

- ¡Oh! ¡Guau, Marina!

Dijo mi amiga, haciendo la señal de la Cruz.

Después de la última chica que salió del confesionario, fue Edilene. Tardaron unos diez minutos. Cuando salió, fui yo.

Me arrodillé e hice la señal de la cruz. El cura corrió un poco la cortina y me dijo:

– Finalmente lo resolviste, ¿¡eh!?

Tenía miedo y sentía sudor en las manos.

– ¿Por qué comulgas de vez en cuando, luego lo dejas unos días y luego vuelves a empezar?

– Sabe, Padre, a veces pierdo la fe. Todo lo encuentro banal y ridículo. Entonces ¿por qué hacer comunión?

– ¿Y por qué crees que es banal y ridículo?

– Creo en Cristo, pero la Iglesia...

- ¿La Iglesia...?

- Sí, padre. ¡La Iglesia no puede explicar lo que predica!

El padre Jonathan se rio.

– ¡Qué divertida eres, Marina!

Me sentí un poco ofendida y casi me arrepiento de haber ido.

– Debes estar refiriéndote a los "dogmas", ¿verdad, Marina? Ahí está lo esencial, el valor de nuestra fe. ¡No seas como Santo Tomás, niña! "¡Bienaventurados los que no vieron y creyeron!"

– Resulta que no depende de mí. Creo que todo el mundo pasa por crisis de falta de fe...

– Sí pasa, Marina, sobre todo en la juventud, que es una época de búsqueda, de búsqueda de autoafirmación. No te preocupes por eso, ¿vale?

- Sí, padre. Es solo.

– ¿Te va bien en tus estudios?

– ¡Sí, padre, gracias a Dios! Me gusta mucho estudiar.

- ¿Y Tienes novio?

Sentí un escalofrío. Ni siquiera sabía si tenía novio o no, porque en nuestra segunda cita, ¿no me había decepcionado Marciño al decir que se iba a casar con otra? Mi esperanza aun no había muerto.

Me gustó desde que era niño. Se casó y vino aquí casi de inmediato. Ahora que lo había encontrado, ¡tenía otra!

Sacudí mis pensamientos oscuros y respondí:

– Me gusta un chico, pero tiene otra novia.

– Consigue otro. No puedes seguir sufriendo por alguien a quien no le agradas.

– Además, aquí en el internado, aunque tengamos novio, es como si no lo tuviéramos. Vivo lejos y lo que me preocupa es solo mi familia.

- ¿Donde vives?

– En J.S.

– ¿Y por qué no estudias allí?

– Ya no hay internado en J. S. – dije, tratando de quitar de mis pensamientos la idea de pobreza y el hecho que estaba allí como estudiante becada.

– Marina, hoy estoy feliz porque viniste. Acude siempre al confesionario. Es en la paz del confesionario que Cristo nos perdona y a través del sacerdote recibimos consejos útiles para nuestra vida. Puedes irte y no preocuparte por el problema de la fe.

Salí y fui a orar, arrodillándome en el banco del fondo. La Capilla quedó completamente vacía. En el altar, los lirios que siempre me encantaron... En las paredes, el mismo Sol de la tarde, atravesando el cristal de color... Recordé la historia que me había contado Edilene, poco antes; de las palabras que le dije y de las palabras que el padre Jonathan acababa de decirme.

– Los hombres deberían unirse – pensé – y ayudarse unos a otros. ¿Por qué tirar piedras? ¿Por qué no puede un sacerdote cometer errores? Y, por otro lado, ¿por qué el cura no se casa? Sería mejor. El corazón del hombre fue hecho para amar y el sacerdote es un hombre como todos los demás, con el corazón latiendo en el pecho.

A la salida, el padre Jonathan me esperaba en un pequeño pasillo, al fondo de la capilla. ¡Sus ojitos brillaban tanto! Aquellos cabellos encrespados que inflamaban los prejuicios de la gente de "clase" ya estaban muy blancos. Su rostro, a pesar de estar feliz, mostraba a todos que el sufrimiento allí había pasado.

Mi pobreza, por un lado, me provocó cierta revuelta; por otro, fue y siempre ha sido un factor positivo en mi vida. A través de la amargura de la pobreza que me dio la vida, aprendí a ser amig de una epiléptica - cuando todos corrían por el mismo camino, despreciándola por sus ataques convulsivos -, de una mujer sorda que ocultaba sus riquezas materiales mediante la humildad, y de un sacerdote moreno y de pelo rizado cuya familia mendigaba en las calles de su tierra natal...

El dinero que hace la vida más fácil a las personas no les permite descubrir, detrás de una arruga en la cara, un corazón apuñalado por el sufrimiento y un estómago masacrado por el hambre...

El dolor que lleva cada ser humano nos concierne a cada uno de nosotros y esto lo aprendí desde mis primeros años, aunque, muchas veces, mi orgullo de niña dotada de una inteligencia superior, hacía que mi pecho se hinchara majestuosamente, pensando que yo era la indicada, señora del mundo.

La revelación de Edilene volvió a mí cuando contemplé al padre Jonathan. ¡Pobre padre Jonatán! ¡Ser censurado por una abuela vacía y llena de prejuicios!

– ¿Vas a celebrar mañana la Misa de Nuestra Señora? – Le pregunté quitándose el velo.

- Voy. ¿Y tomarás la comunión?

- ¡Claro que voy!

Cada año se celebraba la misa del veinticuatro de mayo, ante la enorme imagen blanca de Nuestra Señora, que se alzaba en el patio principal.

– ¿Vas a cenar aquí, padre?

– Eso creo – dijo sonriendo y saliendo del pequeño pasillo.

Caminamos pasando por el centro del patio principal. Esto parecía un desierto silencioso, bajo la tarde rosada y misteriosa.

– Entonces, ¿usted vivía antes en São Paulo?

– Estuve allí muchos años. Dejé muchos amigos y una parroquia a la que me encariñé mucho.

– ¿Y por qué viniste?

– Voto de obediencia, Marina. Soy religioso. No puedo olvidar... – Dijo, casi para sí mismo.

– ¿Y por qué fuiste a una Parroquia?

– Necesitaban un Vicario...

– ¿Y un sacerdote de Congregación puede vivir en una Parroquia independiente?

- Él puede.

– ¿Te gusta más vivir en el Colegio o en la Parroquia, solo?

– En la parroquia hay más por hacer. Menos tiempo para pensamientos vanos...

- Es correcto. Esta vida universitaria incluso inspira muchos romances. Un día quiero escribir un libro, padre Jonathan.
Un libro, ¿puedes creerlo?

Habíamos llegado cerca de la cafetería de las internas.

Él sonrió, mirándome profundamente y dijo:

– Pon una frase en tu libro sobre el "Padre..."

El día de Nuestra Señora amaneció hermoso, alegre y lleno de actividades para nosotras. La misa sería a las seis y media, con tríos celebrando, un coro y mucha gente de la ciudad de NP. Inmediatamente después de la Misa, tendría lugar la tradicional coronación de Nuestra Señora.

Muchas estudiantes internas y hermanas, después del almuerzo, fueron al patio para preparar el altar en la plataforma y decorarlo.

A las seis y cuarto, con uniforme de gala, velo y zapatos nuevos, ocupamos nuestros lugares, frente a la gente que llenaba el gran patio.

El cielo estaba hermoso, aunque hacía mucho frío.

De vez en cuando, alguna de nosotras contaba algún chiste gracioso, provocando risas bajas que obligaban a la hermana Ita a levantarse de su asiento y pararse junto a nosotras, con una mirada severa.

Detrás del podio, los sacerdotes hablaban en voz baja, a excepción del padre Jonathan, que siempre hablaba en voz alta.

Exactamente a las cuatro y media, al son de *Il Silenzio*, sor Fernanda, nuestra profesora de Filosofía, subiendo al púlpito, leyó:

– "Entonces apareció en el cielo una gran señal: Una mujer vestida con el Sol y la Luna bajo sus pies, y una corona de doce estrellas sobre su cabeza…"

Los cinco sacerdotes subieron al escenario y se acercaron al altar. Llevaban hermosas vestimentas blancas, ricamente floridas. Lo que realmente siempre me asombró dentro de una Iglesia, después del aroma de los lirios, fue la belleza pura de las vestiduras. En el Colegio, entonces, eran mucho más bonitos y estaban tan bien cuidados…

Las ceremonias terminaron mucho después de la fecha límite prevista por nuestro estómago. Estábamos hambrientas y cansadas y aun así fuimos al dormitorio para cambiarnos el uniforme de gala antes de cenar.

Nuestro recreo fue más largo y nos retiramos más temprano para descansar la noche.

La noche ya era avanzada cuando finalmente logré conciliar el sueño.

Después de una cena festiva en la Escuela Normal, los cinco sacerdotes subieron al Colegio de Hombres. La noche, para el padre Jonathan, estuvo llena de acontecimientos.

Dándose vueltas de un lado a otro, en la cama, pensaba y todavía no podía entender, hasta ese momento, por qué terminó allí en el Colegio, en NP.

Dejar su gran y querida parroquia en MR había sido terrible. ¿De qué le habría servido estar encerrado allí, siendo simplemente capellán de las monjas y esos presos prejuiciosos? Sus cosas, sus afectos, su apostolado… su mundo, en fin… estaban en la Parroquia de MR. ¿Por qué Dios actuó así? Su corazón, su manera de pensar... él, el padre Jonathan, no estaba hecho para cosas limitadas, restringidas.

Lo que realizó en la enorme Parroquia de MR fue un verdadero apostolado de masas. Allí fue aceptado, escuchado y admirado. Siempre estuvo entre todos. Levantó al borracho que yacía en la acera; le ofreció su brazo y un café amargo. Llevó al bebé a la madre que vino de compras, llena de de bolsas. Se sentó entre los lavabos de las lavanderas, hablando humilde y alegremente con ellas. No distinguía entre ricos y pobres; trabajó en favelas y zonas de prostitución, donde la miseria material y la miseria moral son dos tumores repugnantes que avergüenzan y asquean al estrato social considerado digno y perfecto.

Humildemente, el padre Jonathan aceptó su traslado al Colegio de su Congregación, en NP. Pero, ahora, parecía que las cosas se concentraban dentro de sí y no podía entender por qué Dios quería apartarlo de MR, en pleno apostolado, y colocarlo allí, casi ocioso, en aquel Colegio.

El sacerdote se dio vuelta en la cama, secándose con el dorso de la mano una lágrima que intentaba escapar. No estaba en contra de la Santa Voluntad de Dios, pero quería una explicación convincente sobre ese cambio repentino.

El padre Jonathan no sabía; sin embargo, que él y muchas personas allí reunidas, en aquel año de 1968, estaban cumpliendo una ley natural, aunque aun era oscura... Muchas cosas en el futuro dependerían de ese año, que consideraba ocioso, paso en la gran ascensión hacia la evolución espiritual.

Dios crea coincidencias para que el hombre pueda usarlas como trampolines...

Tenía una libreta sencilla, en la que de vez en cuando anotaba mis cosas íntimas. Con los cambios repentinos que se estaban produciendo en mi interior, comencé a escribir con mayor frecuencia, realizando dibujos significativos e incluyendo textos de autores que me causaban cierta impresión.

A finales de mayo, una tarde que íbamos a rezar el Rosario al patio trasero, dejé el cuaderno en el pequeño estante para guardar el velo y los libros de oraciones. El estante estaba dividido en cajones, cada uno con el número de la interna que lo utilizaba. Mi número era siete. Como ya no íbamos a la entrada de la Capilla, donde estaba la estantería, terminé olvidando allí el cuaderno.

Al día siguiente, cuando saqué el velo del cajón, antes de Misa, no lo encontré.

Sentí una punzada en el pecho y sudor frío en las manos. Las notas no me comprometían ni con el Reglamento del Colegio ni con las Hermanas. No había nada inmoral ni absurdo, pero eran cosas tan íntimas, tan personales, que pensé que era una blasfemia que alguien supiera de ellas.

Estuve muy preocupada durante la Misa y después de ella busqué a la Hermana Alice, ya que ella trabajaba en la Sacristía y podría tener noticias de lo mismo. Cualquier cosa. Pregunté a mis compañeras más cercanos, nadie sabía...

Durante el receso de la clase de portugués, Edilene se acercó a mi escritorio y me preguntó por mi cuaderno. Le dije que aun no lo había encontrado y que estaba muy preocupada.

– Marina, debe haber sido una Hermana – dijo Edilene, pensativa.

– No tiene nada de grave, pero es horrible pensar que alguien sabe lo que pasa dentro de mí. Estas son mis impresiones, mi forma de pensar, mis dolores y mis dudas...

– Sí... Además, ¿dónde estabas pensando? ¿Dejaste el cuaderno ahí?

Durante el día apenas podía realizar mis trabajos escritos y, en la biblioteca, me sentía mareada y me costaba incluso localizar un libro.

El Rosario se rezaría en la Capilla; fui una de las primeras en llegar al armario del velo y mi sorpresa no pasó desapercibida cuando, encima del Misal, encontré ese cuaderno. Un suspiro de alivio fue interrumpido por una pequeña tira de papel que se encontraba dentro del cuaderno. Algo estaba escrito, pero no lo leí. Enrollé el cuaderno formando una pajita y entré a la Capilla. Los minutos parecieron eternos; sin embargo, mi miedo fue mayor que mi curiosidad.

Simplemente revisé el cuaderno y leí el papelito, durante el recreo. Encontré varias observaciones hechas a lápiz, en las páginas del cuaderno, y el papel, que era minúsculo, decía lo siguiente: *"Marina, necesito hablar contigo. En el confesionario, ¿sí? Padre Jonatán."*

Al notar mi molestia e incluso mi actitud enojada, Edilene se acercó:

– Entonces, Marina, ¿pasó algo?

- ¡No! – Dije casi gritando.

– ¿Y ya sabes quién se llevó el cuaderno?

– No. No pude averiguarlo. Disculpa, Edilene, lo dejaré en el estudio. Ya vuelvo.

Cuando regresé, Edilene estaba apoyada en el pasamano de las escaleras que conducían al patio.

– ¿Más tranquila ahora?

– Sí. – Respondí.

– Marina, comulgo a diario. ¿Has visto?

- Sí, Edilene, me gustaría que me contaras más sobre el padre Jonathan. ¿Cómo es su familia...? Etc.

– Viene de una familia muy pobre... Su madre es lavandera, no tiene padre y su única hermana era leñadora. Suelen pedir limosna, allá en mi tierra... Y además, un hermano que se llama Fernando.

Se le menosprecia, pues, por dos motivos: el color y la pobreza... También creo que habrás notado que a él no le importa…

– Las personas espiritualmente grandes pasan por alto las ofensas, Edilene; sin embargo, en el fondo, sí las sienten.

Simplemente fui a analizar cuidadosamente las notas tomadas por el padre Jonathan, en mi cuaderno, en el estudio.

Había un extracto de mi Diario que decía lo siguiente: "Lo más importante es adherirse a Cristo y practicar la Caridad. La Iglesia complica las cosas."

El padre Jonathan escribió al lado:

"La primera parte es hermosa, ¡pero no persigas a la Iglesia!" Luego agregué:

"Hoy fui al Confesionario. Yo estaba temblando. No sé por qué, pero el padre Jonathan ejerce una fuerza extraña sobre mí. Me gusta. Es un sacerdote humilde y bueno, pero no sé cómo explicarlo… Prefiero no acercarme a él…"

El padre Jonathan escribió al lado:

"Quiero una explicación."

Las últimas notas fueron las siguientes:

"Soy el líder del grupo que presentará la obra sobre Eurico, el presbítero, de Alexandre Herculano. ¡Será el debate más grande del Colegio! Iremos contra el celibato sacerdotal. Mostraremos sus desventajas, criticando la Iglesia, que lo creó.

"Alexandre Herculano, en su introducción, dice: 'Yo, por mi parte, un débil argumentador, solo he pensado en el celibato a la luz del sentimiento y bajo la influencia de la singular impresión que desde mis primeros años la idea de la irremediable soledad del alma ha hecho en mí, a la que la Iglesia condenaba a sus ministros, una especie de amputación espiritual, en la que muere para el sacerdote la esperanza de completar su existencia en la Tierra. Supongamos todas las alegrías, todos los consuelos que las imágenes celestiales y las creencias vivas pueden generar, y descubriremos que éstos no suplen el triste vacío de la soledad del corazón. Dale a las pasiones todo el ardor que puedas, a los placeres mil veces más intensidad, a los sentimientos la máxima energía y convierte el mundo en un paraíso, pero quitarle a las mujeres, y el mundo será un páramo melancólico, las delicias serán solo el preludio del aburrimiento.'

"¡Será la apoteosis! ¡Nuestro grupo dejará el libro y analizará el sacerdocio a través de los tiempos! Lo esencial en el ser humano es el espíritu, sí, pero Dios le dio cuerpo carnal. ¿Por qué condenar el amor y el sexo humanos? ¡Dios ayúdame! ¡Nuestro trabajo debe ser fantástico!

El padre Jonathan escribió al lado:

"¡Cuidado, Marina, no todas las mentalidades son lo suficientemente maduras para lo que pretendes exponer!"

Guardé el cuaderno y recosté la cabeza sobre el escritorio. Ni siquiera podía saber qué tendría para el día siguiente... Quizás Didáctica y Filosofía... Todo daba vueltas en mi cabeza, el padre Jonathan nunca pudo saber mi manera de pensar... mis sentimientos... mis actividades... ¡Hablar con él ahora sería terrible, aterrador! Mi mundo se estaba desmoronando más rápido de lo que nadie podría haber imaginado. ¡Padre Jonathan, dueño de mis secretos! ¡Fue el mayor absurdo!

No dormí durante la noche y no comulgué al día siguiente.

Por la tarde fui al confesionario. Ya me sentía dominada. Me sentía en las manos del padre Jonathan y esto me causó un gran terror.

- ¡Padre! Por el amor de Dios, ¿cómo encontraste mi número y mi libreta en el estante? No tenías ningún derecho... Por favor no me malinterpretes, no quiero que te ofendas... ¡El cuaderno es íntimo padre Jonathan! ¡Son mis cosas íntimas, no son pecados, pero son mis cosas!

– Marina, ¡qué alboroto! ¡Mantén la calma, por favor! Vi cuando pusiste el cuaderno allí; él se cayó; fui a buscarlo para conservarlo; él estaba abierto. Empecé leyendo algunas palabras y terminé guardándolas, porque me sentía en la obligación de hablar contigo.

–¿Crees que lo que escribí es muy serio?

– Mira, creo que tus ideas son muy avanzadas, pero te confieso que estoy de acuerdo contigo. Yo también pienso así.

- ¡¿Cómo?! ¡Tú escribiste para no perseguir a la Iglesia...!

– Me refiero al trabajo que presentarás sobre el libro de Alexandre Herculano.

- ¿Crees que debería?

- Necesitas tener cuidado. Es un tema muy delicado y podrías escandalizar a mucha gente.

– ¡Vamos a sacudir la Escuela Normal!

– ¿Por qué cree que el cura debería casarse?

– Por dos razones: primero, porque el apostolado no impide al sacerdote tener familia. En segundo lugar, el sacerdote es humano y, como todos, tiene corazón para amar y ser amado. ¿Por qué sufrir y, lo peor de todo, hacer muchas veces lo que no te permiten, provocando escándalos?

– ¿Crees que es escandaloso que a un sacerdote le guste alguien?

– No señor, no creo que sea escandaloso, pero la Iglesia no lo permite.

– ¿Por qué escribiste que ejerzo una fuerza extraña sobre ti? ¿Tienes miedo de mí, por casualidad?

- No señor. No se trata de miedo, pero tampoco sé cómo explicarlo... Voy a salir, padre. Siento el confesionario profanado.

- ¡Absolutamente! Estás pasando por una serie de dificultades y estoy aquí para ayudarte. Marina, el sufrimiento, las dudas y los dilemas se hicieron por nosotros. Necesitamos ser valientes. Quiero ayudarte, créeme.

– Es solo una obra literaria que me apasiona, nada más.

– Intenta expresar tu opinión, pero ten cuidado, no te emociones. La gente no analiza para juzgar...

- Si padre. Haré lo posible.

- ¿Puedo pedirte un favor? Muéstrame tu diario de vez en cuando.

– No escribiré más.

- Lo harás, sí. Y quiero ver.

– ¿Por qué, padre Jonathan?

– La vida, hija mía, no es este montón de cosa que la gente quiere que sea. La vida es algo muy natural. Nosotros somos los que complicamos todo.

Salí muy atónita y me dirigí al patio, donde estaban las demás internas. La cena llegó un poco tarde y estábamos hablando cerca de la cafetería.

- ¿Qué está pasando?

Edilene preguntó en voz baja.

- ¡Nada! ¿Por qué?

– ¡Estás pálida!

– Hoy tomé algunos medicamentos extraños...

– ¿Qué medicamentos?

- ¡Oh! ¡Edilene, no lo sé!

Y me fui.

Cenamos más tarde y el recreo duró menos.

Dos días después, en una tarde tranquila y fría, estaba haciendo un plan de lección, en la sala de práctica, cuando una figura dijo "cállate", afuera de la ventana. Miré hacia arriba y vi al padre Jonathan apoyado contra la ventana.

– ¿Cómo va tu trabajo en portugués?

- Va bien. Se acerca el gran día. Solo estamos esperando que el grupo de Camilo Castelo Branco termine de interpretar *Amor de Perdición*.

– Me gustaría mirar – dijo sonriendo.

- Estás invitado.

– No, Marina, no tiene buena pinta.

Me levanté y fui hacia la ventana. El padre Jonathan me sedujo con su sencillez y grandeza. La grandeza que proviene del espíritu. El espíritu purificado por el maltrato sufrido por la carne...

– Marina, soy una especie de Eurico...

– ¡Eurico, padre! ¿Por qué? – Dije en voz alta.

– ¡Psst! Habla bajo.

– El humilde presbítero de Carteia... ¿Te identificas con él?

– Marina, todo es tan triste... Terminamos aislándonos... Inspiras confianza, no me malinterpretarás...

– Por supuesto, padre Jonathan... Ahora tengo un motivo más concreto para mi debate... Conozco a una persona que sufre esta "amputación espiritual..."

- ¿Puedo confiar en ti?

– Estoy feliz, padre, aunque no pueda serte de ninguna utilidad. Yo también necesito a alguien...

– Cuente conmigo. Vamos a ser amigos.

– Gracias, padre Jonathan.

– Padre Jonathan, núm. ¡Eurico!

– Eurico es un mal nombre, padre. Entonces, para recordar el personaje de Alexandre Herculano, tú serás "Alexandre."

El padre Jonathan se rio mucho y luego dijo en tono triste:

– Alexandre...

Afuera regresaban los camiones, trayendo gente sufriendo y temblando de frío desde los cafetales y los campos de caña de azúcar.

Miré en dirección a la calle y repetí al padre Jonathan una de las tantas ironías de Alexandre Herculano:

– "Sin duda el hombre es la fuerza y la más excelente obra de la creación. ¡Gloria al rey de la naturaleza que gime temblando!

– Mucha gente sufre en esta ciudad, Marina. Los que más trabajan son los que menos reciben.

Hay un contraste muy grande aquí en NP – dije –, solo ricos y solo pobres. No hay término medio.

– No calculas la miseria que hay en el Morro... Los domingos celebro allí y sería muy bueno si pudieras ir conmigo, de vez en cuando, a hacer trabajos juntos, tratando de mejorar la vida de aquellos hermanos.

La realidad era diferente. Nuestra vida era tan cerrada, vivida de manera egoísta. No teníamos noticias de las cosas que pasaban en el mundo, en Brasil o incluso a nuestro alrededor... No sabíamos de las dificultades del mundo exterior y, en la práctica, no estábamos preparadas para enfrentar el mundo, la vida con sus problemas... Éramos tan dependientes e indecisas, tan sumisas e ingenuas... Todo era demasiado fácil y hermoso... Hoy creo que mis colegas también enfrentan dificultades, cuando las circunstancias requieren una elección, una opción...

Me despedí y entré cerrando las ventanas de la sala de Práctica. Toda la noche pensé en mi trabajo de portugués y en lo que el padre Jonathan me había dicho por la tarde. Pensé en la triste realidad de aquellas personas que regresaban de los cañaverales y cafetales; en la triste realidad de alguien que quisiera ser alguien importante, pero cuya situación económica ni siquiera existía... ¿Le contaría al padre Jonathan, o sea "Alexandre", mi vida?

Llegó el frío amanecer. Esa realidad que allí estaba presente poco a poco se fue alejando. La imagen del padre Jonathan desapareciendo del presente y mi cuerpo, al mismo tiempo, empezó a parecer grande, horriblemente extraño y con dificultad para respirar. De repente, casi alguien se me reveló, siniestramente blanco e incomprensible, pareciendo anormal... Imágenes incompletas, que apenas aparecían en la mente, desaparecían, dejando un vacío angustioso... Fueron momentos de angustia que no le revelé a nadie, porque ni siquiera sabía cómo expresarme, para explicar el fenómeno.

En la tarde del día siguiente, el padre Jonathan estaba en la Escuela Normal. Rápidamente me pidió, en el pasillo, que anotara en mi Diario las últimas impresiones que pasaron por mi alma. No sabía que mi cuaderno estaba lleno de notas. Y cuanto más escribía, más sufría y más sentía la necesidad de escribir.

Por la noche, en el estudio, escribí en un papel: "Alexandre. He enfrentado muchas batallas interiores. No sé cómo explicar lo que me está pasando. ¿Por qué Dios nos hace esto? Ora por mí, en el Altar. Marina."

Al día siguiente, deposité la nota en sus propias manos, a la entrada de la Capilla.

Los días pasaron muy lentamente, al igual que mi intensa angustia interior. Las noches fueron largas y terribles, casi todas las pasamos en vela, buscando una razón a la realidad de existir, de sufrir, de buscar...

¡Por fin estaba a punto de llegar el gran día! La víspera, sor Antônia buscó descubrir el motivo del enorme revuelo que rodeaba al segundo Año Normal. Alguien respondió que el día siguiente "sería muy emocionante, ya que el grupo de Marina presentaría el trabajo sobre Eurico, el Presbítero. Dijo que sería un día "caluroso", ya que "la clase de Marina iba a considerar la posibilidad de sacrificar el celibato sacerdotal, manifestándose en contra.

Sor Antônia, indignada, me buscó y suspendió la presentación de nuestro grupo hasta que yo cambiara mi forma de pensar.

– Sor Antônia – dije –, ¿no es esto un debate? Mi grupo presentará su punto de vista y usted y el otro grupo seguramente se opondrán. ¡Eso es interesante, hermana! ¡Dos grupos discuten sobre el celibato sacerdotal, cada uno expresando su propio punto de vista!

– ¡No, Marina! O presentas el trabajo sin expresar tu absurda forma de pensar, o cancelaré la presentación de tu grupo.

– Está bien, hermana Antônia, lo pensaré. Entonces te daré una respuesta.

Sor Antônia sonrió. Sé que, en el fondo, ella admiraba mi temperamento fuerte, mi voluntad de vencer y mi franqueza. Me gustaban sus frases profundas, su manera cariñosa de corregirme, sobre todo; de su estricta religiosidad. Siempre hemos sido muy buenas amigas.

Por la tarde le conté al padre Jonathan lo que había pasado.

- ¿Yo no dije? Aquí en la Escuela Normal no están preparados para una presentación del tipo que tú quieres, hija mía.

– Mira, padre...

– Dime, Alexandre.

– Mira, Alexandre, el grupo daría su opinión. Luego la clase y el profesor se pronunciarían en contra, utilizando sus argumentos.

- ¿Quieres un consejo? Presenta, enfatizando la forma, el estilo literario, contenido, lenguaje poético del autor, etc. y deja de lado esta historia del celibato sacerdotal.

– No será fácil... Creo que me quedaré callada.

– Entonces quiero saber cómo fue, ¿no? Marina, no dejes de comunicarte. No hay ninguna razón para que te alejes de la Sagrada Eucaristía. Te lo digo como sacerdote y amigo.

Durante el recreo de la tarde busqué a sor Antônia y le dije que estaba dispuesto a presentar mi trabajo al día siguiente, omitiendo mi forma de pensar.

– Tienes que convencerte, Marina, de tu error – me dijo sor Antônia -. Estás completamente equivocada. El mayor valor del sacerdocio y de la vida religiosa reside en esta renuncia a los amores y placeres humanos, que también son puros, queridos, hermosos y bendecidos por Dios, pero a los que renunciamos, por un amor mayor y más integral...

La miré fingiendo estar convencida y agregué humildemente:

– Quiero un tiempo, antes de clase, para informar a mis compañeras del grupo sobre el cambio que se ha producido.

– ¡Gracias, Marina! Es a través de nuestras experiencias, incluso las frustradas, que subimos la enorme escalera de nuestra vida. Lo importante no es acertar siempre, sino reconocer que cometimos errores y que estamos listos para empezar de nuevo.

Caminé rápidamente, entre las internas y fui a sentarme al pie de una palmera, en el patio interior. Sentado allí, podía pensar mejor en las cosas absurdas que estaban sucediendo. Me parecía algo extraño, fuera del mundo; la gente y las cosas a mi alrededor parecían extrañas y distantes. La última oportunidad, ese semestre, de demostrar mi capacidad para exponer y defender un tema, había fracasado.

El padre Jonathan, por la noche, fue a la biblioteca de su colegio y buscó en los estantes a Eurico, el presbítero. Él, el padre Jonathan y solo él, sentían la necesidad de estar al tanto de los problemas de Marina. Y su mayor problema, en ese momento, era la presentación de aquella obra, cuyo autor la había entusiasmado, abordando la soledad del sacerdocio.

El padre Jonathan abrió el libro y caminó por la biblioteca desierta. Cualquier página; sin embargo, ¡qué significativo!

"¿Y quién le dijo, presbítero, que su amor no era un crimen? ¡Tienes razón, conciencia! Cuando a los pies del venerable Siseberto el gardingo Eurico juró que abandonaba el mundo, debía despojarse del mundo de las pasiones que había traído.

La luz que brillaba con los afectos y esperanzas que vivía y que llenaba de felicidad mi corazón debía entonces apagarse, como la lámpara del templo al amanecer; porque volví al cielo, buscando la luz del Señor.

Pero el Sol, tan pronto como salió para mí, desapareció en el crepúsculo, ¡y aquellos que creen que estoy iluminado difícilmente piensan que vivo en la oscuridad!

Mis pasiones no podían morir, porque eran inmensas, y lo inmenso es eterno.

Y por eso no me atrevo a pedir la paz del sepulcro; ¡porque para mí no habría paz sino en la aniquilación! ¿Qué daño te he hecho, Dios mío, para que me dejes dentro nada más que una idea alegre, más que un deseo capaz de llenar el abismo de mi desventura? ¿Qué daño te he hecho para que este deseo, esta idea sea lo único que quede al precipicio que gira en perpetua angustia?

¡Pero para mí, como para él, tal pensamiento es vano y mentira! ¡Eternidad, eternidad, el alma del hombre está encerrada y cautiva en la inmensidad de tu imperio!"

– Marina ve todo con los ojos de la adolescencia – se dijo el padre Jonathan. Las almas sensibles no leen con indiferencia las palabras de Alexandre Herculano. Y más aun cuando se trata de una niña. Un día las escuelas cambiarán y los estudiantes podrán decir lo que piensan. Pobre Marina, cuando llegue ese día, ¿qué será de ti? ¿Qué habrá hecho la vida con tu alma ingenua y pura? ¿Y de mí? ¿Qué le habría hecho la vida a otro Eurico solitario y triste?

Hoy, yo, Marina, estoy segura de una cosa: la sucesión de años trae más la sensación de pérdidas que de ganancias. Y solo a las almas que tienen su flecha apuntando hacia arriba se les da a estas tristes pérdidas un camino que conduce a Dios.

La mayor pérdida es la separación física provocada por la muerte. Todas las lágrimas son derramadas; todo remordimiento, arrepentido; todos los momentos pasados juntos, recordados con amargura; todos los anhelos que pueblan la soledad del corazón que quedaron... Pero, si este corazón cree en algo más allá de nuestra materia prima, todo será más suave, más fácil. La transformación sufrida por el cuerpo - que muchos consideran aniquilación -, solo traerá beneficios al espíritu.

La presentación de la obra transcurrió sin contratiempos.

Mis colegas hablaron sobre la trama y yo hablé sobre el estilo y la vida del autor.

Una vez finalizada la presentación nos pusimos a disposición de la clase y del profesor para responder a las dudas planteadas. Participaron varios colegas que plantearon dudas sobre el trabajo. El celibato sacerdotal, su soledad y la vida religiosa de la Edad Media no fueron abordados por mí.

Todo terminó, nos aplaudieron y obtuvimos una puntuación perfecta. El mejor trabajo fue el nuestro, pero, para mí, faltaba algo. Faltaba ese enfoque y nadie tendría el valor de adoptarlo. Y cuando alguien se presentó para hacerlo, fue amenazado enérgicamente...

Di gracias a Dios, aliviada que todo hubiera terminado. Fue una etapa más cumplida, aunque me sentí derrotada. Las vacaciones estaban cerca. La felicidad de poder volver a ver a los míos y estar con ellos unos días fue grande. Esos problemas de un estudiante interno en crisis quedarían de lado. Se abandonaría la rutina que hacía la vida tan monótona. La alegría de regresar a JS, ver sus calles angostas y templos coloniales; su estación de tren y María Fumaça pitando tristemente... La alegría de verlo todo de nuevo fue como oxígeno puro invadiendo mi pecho, haciéndome sonreír. Sonrisa rápida, que se desvaneció, cuando una voz dijo mi nombre, fuera del aula. Poco después se dio la señal de finalizar la última clase y todos se marcharon apresuradamente.

El padre Jonathan estaba en el pasillo, cerca de mi habitación. Nada más salir me preguntó sobre la presentación de la obra.

– Hice lo que me aconsejaste. Nos llevamos un diez.

- ¡Excelente! Un día todo cambiará, Marina. Las escuelas serán diferentes y los alumnos podrán expresarse a su antojo, sin quedar encasillados.

Sor Antônia apareció alegre, abrazándome fuerte.

– ¡Felicitaciones, Marina! Ha presentado un trabajo excelente, padre – dijo, volviéndose hacia el padre Jonathan –. ¡Ojalá a mis alumnas les gustara así la literatura!

– Marina va a escribir un libro – dijo el padre Jonathan – ¡y creo que ya ha empezado!

– No señor, aun no he empezado. Solo tengo mis poemas dispersos; ¡pero todavía llegaré allí!

– Nuestra Marina es un poco pesimista – dijo sor Antônia –, pero escribe muy bien.

Hablamos unos diez minutos y luego cada uno siguió su propio camino. Los últimos días de clases parecieron una eternidad. Ese frío NP pareció invadir el alma. Me gustó estar allí, a pesar de la misteriosa melancolía que se cernía sobre toda la ciudad y, especialmente, sobre la Escuela Normal, en aquel año 1968.

Mañanas claras y tardes rosadas; esas palmeras levantadas en busca del infinito; las viejas paredes; los grandes patios con aires respetables y el enorme patio trasero, que se eleva colina arriba... Todo es hoy un recuerdo punzante, un anhelo tortuoso de cosas eternamente fijadas en el gran mosaico del Cosmos, cuya transformación se está produciendo favorablemente a nuestro espíritu... si sabemos poner en nuestras acciones el sabor de lo eterno y, principalmente, de lo divino... - Muchas veces nuestra parte física, esa materia tan pesada, no puede entender bien tales cosas...

Las transformaciones duelen muchas veces, aunque sepamos que esa piedra preciosa encontrada en el pasado, en algún rincón, se ha convertido, hoy, en una joya de raro valor.

El primer semestre ya había pasado al pasado.

Almorcé apresuradamente y cogí el autobús, cerca de la Escuela Normal, a las once del veintinueve de junio.

Ya no era la misma que a principios de año. La vida me había demostrado que cada persona tiene un enorme potencial de campo de batalla dentro de sí misma. Una señal basta para que todo se convierta en guerra, caos, destrucción, derrotas o victorias... Me sentí un poco lisiada, coja y sin esperanza... Llena de pesimismo.

Así me bajé en la estación de autobuses JS y caminé hacia la casa de mi abuela. Al día siguiente volví temprano a casa.

Mi primera sorpresa, durante las vacaciones, fue una hermosa tarjeta que recibí del padre Jonathan, el primero de julio. Estaba feliz y triste al mismo tiempo, porque pensaba que, durante las vacaciones, podría olvidar en parte esa angustia de amar al padre Jonathan y sentir un peso de conciencia.

La tarjeta salió de NP el mismo día que yo.

El padre Jonathan había escrito más o menos lo siguiente: *"Marina, es terrible tu ausencia; la escuela normal ha perdido todo su encanto y no sé cómo voy a pasar días tan largos. Quiero que me escribas siempre, para que podamos estar más cerca, incluso a esta enorme distancia. ¿Cómo estuvo tu viaje y cómo estás de vacaciones? Llovió aquí la tarde veintinueve. Parece que fue a propósito... Respóndeme, ¿si? Me detendré esperando tu larga carta. Un abrazo de Alexandre."*

Una semana después, cuando iba a llevar la respuesta a Correos, recibí más correspondencia de Alexandre. Era un sobre pesado, con tarjetas, una carta larga y muchos arrepentimientos y noticias. Dijo que la Escuela Normal estaba vacía y triste; que la "Escuela Normal sin las niñas parecía una jaula sin pájaros..." Escribió sobre su soledad y aburrimiento; sobre las Hermanas y las Misas; sobre el vacío de las vacaciones.

Durante todo el mes de julio hubo contacto entre nosotros a través de cartas, que fueron frecuentes. No tuve tiempo de pensar en viajes, entretenimiento, nada. Yo estaba allí, yo misma, con mis problemas. Ni siquiera las vacaciones pudieron solucionarlos. Esa distancia sirvió para fortalecer aun más el cariño entre un sacerdote y una joven insegura y necesitada. Los problemas familiares no me pesaban tanto, casi los ignoraba. Porque los míos eran más grandes. No pensé en ir a SN a ver a Marciño otra vez. Estaba con otra persona y era una pérdida de tiempo ir a buscarlo.

Mi tía, una tarde, vino a mi casa con el único propósito de darme un consejo:

– Ten cuidado, Marina, estoy muy preocupada, hija mía; no pienses más en Marciño. Está con otra y se va a casar con ella. Cuando te conoció, ya tenía programada su boda.

– Tía Bianca, no te preocupes por mí. Pasado mañana partiré hacia NP. Se acabaron las vacaciones y me voy de nuevo. En cuanto a Marciño, no hay de qué preocuparse; ya no pienso en él.

Mi tía no lo creía mucho y con razón, en los momentos más difíciles en NP nunca me había olvidado de Marciño. Incluso si se casara con otra persona, siempre pensaría en él con cariño. Desde niña él era el dueño de mis pensamientos y una simpatía tan profunda y antigua no moriría fácilmente.

El padre Jonathan fue, en mi juventud, un paréntesis de pocas palabras y mucho contenido. Solo más tarde llegaría la explicación, formando una historia completa y profundamente existencial.

El último día de julio fue más frío que los demás. Me despedí de mis hermanos, mamá, papá. Lloré mucho y tristemente hice el camino entre mi casa y la de mi abuela. Me despedí de mis tías y de mi abuela y me dirigí a la estación de autobuses, con el aspecto de un beduino cruzando el Sahara.

El autobús que me llevaría a BH llegó tarde y no pude, como siempre, ir a NP el mismo día. Me quedé en casa de unos familiares y, al día siguiente, fui.

En ese momento, la vía que conectaba M con NP no estaba pavimentada y se encontraba en malas condiciones. El autobús tuvo problemas en el barro, ya que había llovido mucho. Por eso llegué muy tarde a NP. Aun así seguí sola y asustada hacia la Escuela Normal. Era medianoche y no había nadie en la calle. Las palmeras parecían siniestras; los perros caminaban rápidamente con el hocico pegado al suelo; mis pasos resonaban en los porches y en la acera mojada. El frío de la naturaleza era tan intenso como el de mi alma.

Todo cerrado y en silencio. ¡Incluso la antigua puerta de la Escuela Normal, aparentemente cerrada! Lejos de la entrada no había posibilidad de comunicación. Caminé nuevamente por la Praça dos Coqueirais y finalmente encontré una pequeña farmacia que estaba cerrando. Le pedí al dueño que me dejara llamar. Inmediatamente contestó la Hermana Directora y me dijo que ya bajaba a abrir el portón.

Me disculpé y le expliqué lo sucedido.

El frío había endurecido mis huesos; la nariz ardía; me temblaban las rodillas. Si mi padre fuera rico, estaría tranquila en casa, en una habitación acogedora. No habría necesidad de viajar tan lejos, sola e indefensa.

Temprano en la mañana, mis amigas vinieron, curiosas, tratando de saber por qué llegaba tarde. Muchas pensaron que nunca volvería al internado.

Después de Misa, estuve con el padre Jonathan, cerca de la Sacristía. Parecía preocupado por mi retraso. Él también pensó que no volvería...

– ¡No puedo creer que hayas llegado, Marina! Estaba muy preocupado. En la última carta, dijiste que llegarías el día treinta y uno.

– Problemas en el camino, padre.

– ¡Psst! – El "psiu" del padre Jonathan salió suavemente, solo un suspiro.

– Alexandre...

– Siempre dices Alexandre, ¿no?

- ¿Como fueron tus vacaciones? ¡Me gustaron mucho las cartas!

- ¿En serio? Y tú, ¿qué has estado haciendo? ¿Viste a Mariño?

- No hice nada. No fui a ninguna parte. No vi a Marciño. ¿Te perdiste... aquí?

– Intenté no tenerlo, pero lo hice.

Vivíamos de las migajas del tiempo... Ese tiempo que todo lo lleva, que todo lo transforma, que a todos maltrata...

Entré en prácticas en la primera semana. Luego llegaron los trabajos de Didáctica, las clases Prácticas, el montón de material que sor Antônia derramó sobre la clase.

Sin embargo, algo nuevo nos sorprendió a todos. Principalmente a mí. Sor Ita ya no era responsable del internado. En su lugar asumió Sor Elba, nuestra profesora de Didáctica General, Didáctica de la Lengua, Didáctica de las Matemáticas y Metodología.

Sor Elba era mi paisana. Hija de una familia ilustre, tradicional y opulenta. Esa "línea" que marca a las personas importantes era evidente en sus gestos.

En el fondo nunca me gustó mucho la hermana Elba y creo que yo tampoco creo que a ella le haya gustado nunca. Siempre hay un choque entre el rico, que se cree demasiado grande, y el pobre que se siente menospreciado, ridículo y pequeño. Siempre obtuve sobresalientes en sus clases. Mi trabajo estuvo bien hecho, aunque no me gustaba la Didáctica. Para mí era importante mostrarle a la hermana Elba que la riqueza no lo es todo. Por encima y muy por encima está la inteligencia.

Durante los tiempos en que la hermana Elba se vio obligada a asistir a un internado, nunca me acerqué a ella. Sus amigas eran las chicas de la Tercera Normal e incluso las demás, cuyas familias eran ricas. Su presencia entre nosotras marcó profundamente la visita del padre Jonathan a la ciudad de NP. Orgullosa y llena de prejuicios, la hermana Elba no podía tolerarlo. Se unió al grupo que hablaba mal de él y pensó que el Director debería pedir a los sacerdotes que hicieran el cambio - De nuevo el choque entre ricos y pobres.

Sor Elba era tan extraña que nunca se advertía ni una sombra de piedad religiosa o de espiritualidad en sus acciones y gestos.

Cuando se dirigía a alguien parecía estar en un pedestal muy alto y una sonrisa irónica invadía su rostro. Por mi parte, nunca me pongo en una posición inferior.

Seguí sin participar en los juegos durante el recreo; sin embargo, nunca me uní al grupo que prefería pasar tiempo hablando con la hermana Elba.

A veces, ella venía con la clase y me invitaba. La seguí hasta cierto punto y cuando todos se distrajeron, regresé silenciosamente.

Una tarde, la hermana Elba se me acercó:

– Marina, ya no necesitas ir a la Biblioteca. Te necesitaré en la sala de práctica.

- Sí, señora.

– Puedes quedarte allí por la tarde.

- Sí, señora. ¿Empiezo mañana?

- Mañana.

El mes de agosto siempre me parecía muy largo cuando estudiaba. Es que la añoranza y esas ganas tan grandes que el segundo semestre pasara volando nos hacía contar los días con tristeza...

Una mañana, durante las clases, nos enteramos que la madre de uno de nuestros compañeros externos había fallecido. El funeral sería a las cuatro y media y nos iríamos.

¡Pobre Reni! Tan dulce, tan humilde y tan amigable.

Quien nos dio la noticia fue sor Antônia. Luego hizo un breve comentario sobre el sufrimiento de las personas que nos rodean. Haciendo uso de su hermoso y rico vocabulario, Sor Antônia habló de la ausencia de quienes mueren y del sufrimiento de quienes quedan; sobre las promesas del Salvador y sobre la Resurrección. Incluso lloramos pensando en la pobre Reni.

La tarde era triste, a pesar del Sol brillante y el cielo despejado. Seguimos la calle que quedaba a la izquierda de la Escuela Normal. Casi detrás, junto a un club deportivo y lujosas villas, se encontraba la residencia de Reni. Era un sótano frío, torpe y miserable. Mi asombro fue grande, porque pensé que solo yo era pobre, digna de la caridad ajena. Y ahora me doy cuenta que, dentro de mi segunda Normal, ¡había una chica en peores condiciones que la mía! ¡Estaba triste, Reni era tan buena, tan tranquila y tan amigable con todos!

Empecé a pensar en la injusticia que cubre nuestro triste planeta, la miseria, el lujo, la soberbia.

Ya estaban en la entrada algunas hermanas de la Escuela Normal, todas con el rosario negro en la mano, rezando.

Pensé en la pobreza religiosa, que no tenía nada que ver con la pobreza. Era una vida cómoda, con todo preparado y listo, al alcance de la mano.

Cuando me di cuenta ya estaba al lado de la urna de la madre de Reni. Ella sollozaba ruidosamente, en un rincón lleno de cajas y contenedores sucios. Otras personas también lloraban y, en cierto momento, una de las Hermanas se puso a llorar rezando el rosario en voz alta, que todos siguieron.

Luego los sollozos aumentaron y se hicieron más fuertes. Cuatro personas tomaron el ataúd, se abrieron paso entre la multitud y se marcharon. Nosotras y las Hermanas nos acercamos a Reni y su familia.

A pesar de llevar en su firma el apellido de una de las familias más importantes del NP, la madre de Reni fue enterrada en un cementerio muy pobre, en Morro do S. Me pareció extraño, pero rápidamente concluí que lo importante no es el apellido, sino lo que la persona adquirió y poseyó en términos de bienes materiales. Y la pobre familia de Reni padecía miseria y sufrimiento.

El Sol ya no brillaba cuando caminábamos por las polvorientas calles del Morro. Todos comentaron con decepción sobre la casa de Reni. Nadie sabía que, entre tantos externos tan ricos, había un pobre. Nosotros, a pesar de ser cristianos y católicos, no entendíamos y no podíamos aceptar la pobreza como algo normal. A pesar de tantas clases teóricas sobre doctrina religiosa, de tantas enseñanzas, Misas y Comuniones, nuestro cristianismo era algo muy superficial. No sabíamos o no queríamos saber que los bienes materiales no son importantes; que lo esencial en el mundo es el amor al prójimo, acompañado de una búsqueda constante de superación espiritual. Por eso mis amigas ricas pensaban que eran tan importantes y yo, que no tenía nada, incluso me enojaba, deseando tener algún día bienes materiales...

Hablamos de la muerte y de lo que nos espera después de ella. Nuestras opiniones fueron diversas. Mi amiga Goreti, a pesar de ser una gran líder, la sobrina de la Directora y muy piadosa, decía que después de la muerte nos convertimos en polvo y ya está. El alma muere con el cuerpo – nos dijo. ¡Todas estas tonterías que hacemos aquí acaban en muerte, gente!

Aquellas palabras, procedentes de boca de Goreti, casi nos escandalizaron.

Marilene prefirió no decir nada; sin embargo, pensó que era demasiado injusto que existiera la pobreza.

Celia no creía en el cielo y el infierno por los pecados comunes, ni por nuestras virtudes – naturales - comunes. Según ella, solo aquellos que mataran a alguien irían al infierno. Asimismo, solo aquellos que realizaran un acto heroico, algo extraordinario, irían al cielo. Aparte de eso, los neutrales permanecerían neutrales, incluso después de la muerte.

Eran opiniones interesantes, ejemplos de niñas ejemplares, que hacían la comunión diaria y observaban el Reglamento Escolar.

La pobreza de Reni; sin embargo, nos afectó a todos...

Solo con el paso de los años comprenderíamos que nuestra vocación al cielo no depende de ser ricos o miserables...

Las ventanas de nuestro dormitorio daban a una colina, donde cada año, durante el mes de agosto, se celebraba la Exposición Agrícola NP. Fue una exposición muy animada, con espectáculos y presentaciones de animales y cosas exóticas de varias partes de Brasil.

Por la noche escuchábamos, hasta tarde, las canciones de la Exposición. Los éxitos de la época fueron Roberto Carlos, Paulo Sérgio, Agnaldo Timóteo, Renato y sus "Gorras Azules", entre otros. Lo que más me conmovió fue Última Canción de Paulo Sérgio.

Las internas también tenían muchos discos y los sábados y domingos podíamos escucharlos y bailar a gusto.

En mi cuaderno escribí lo siguiente:

"Quince de agosto de 1968: Mi existencia es una brecha en el Universo. Cada día me siento más vacía, pero asqueado por la injusticia, y más asqueado... No sé ni por qué."

"16 de agosto de 1968: Sor Antônia nos llamó la atención en el estudio de hoy. Terminé de leer el Primer Capítulo del Evangelio de San Marcos."

"17 de agosto de 1968: Hoy, más que nunca, la angustia me invade. ¡Es el cumpleaños de Alexandre, pobrecito!" Voy a faltar a la clase de escuela dominical. Voy a salir."

"El río que discurre por la llanura aluvial nunca verá sus orillas cubiertas de grandes bosques – José de Alencar."

Fueron notas simples y rápidas, pero profundas y dolorosas para mí.

Estas notas fueron encontradas hace unos años, en 1984, en el fondo de una caja y lograron provocar en mí los mismos sentimientos de aquella época. Sin embargo, solo puedo sentir una diferencia: las experiencias adquiridas a lo largo de mi vida me han demostrado que la juventud no es un mero paso lleno de conflictos y desajustes. Nuestra lucha comienza en el momento en que decidimos entrar en un nuevo cuerpo, reparar nuestros errores y hacer lo que no hicimos antes. Así, durante la juventud, las dudas, los conflictos, las amistades... y todo lo que consideramos un peso transitorio, no es más que algo relacionado con nuestra vida anterior y futura.

Más adelante:

"Dieciocho de agosto de 1968: Resumen del sermón (Evangelio de Efeso) "La lengua, ese gran don de Dios, debe usarse para alabarlo y ensalzar su gloria. Debe usarse para cosas buenas y no para abusar de la debilidad y ausencia de los demás."

"Por envidia y a través de la lengua, el diablo expulsó a Adán y Eva del Paraíso de la felicidad."

"La caridad es paciente, es bondadosa, no tiene envidia, todo lo soporta, todo lo espera."

"Ahora estoy escuchando – La Última Canción. Todo pasará, Alexandre, y un día nos reiremos de lo que pasó. (¿Será?)"

Lo recuerdo como si fuera ayer. El padre Jonathan pronunció el sermón en tono irritado. Parecía que hablaba a propósito, dirigiéndose al grupo de inmaduros - ahora eran pocos -, que permanecían en los rincones pecando con la lengua.

Ese día transcurrió tranquilo, con una calma pesada: era como si alguien hubiera derramado toda su ira sobre las internas y las Hermanas.

La Última Canción – de Paulo Sérgio se tocaba con frecuencia y me causaba un gran dolor. Un dolor extraño, un anhelo ahora por todo lo que todavía estaba presente. Un miedo a afrontar lo que aun estaba por suceder.

"19 de agosto de 1968: Estoy nuevamente en la Sala de Práctica. Es bueno y no lo es. Allí miro la construcción del cerro y lo extraño..."

Tomé nota del Evangelio de San Marcos, capítulo II, versículo 17:

"No necesitan médico los que están sanos, sino los que están enfermos; porque no he venido a llamar a justos, sino a pecadores."

Allí, en Tiro-de-Guerra, juegan los soldados. No extraño más a JS, ni siquiera a SN.

"21 de agosto de 1968: Hoy vi a Alexandre."

"22 de agosto de 1968: Hoy, aunque bastante desorientada, logré algo más. Lo que había pensado, decidí no hacerlo más. Me alegro de haberlo pensado antes. Voy a leer un buen libro. Tengo que hacer un trabajo de Filosofía y mañana mi grupo presentará un trabajo de Religión."

"23 de agosto de 1968: El cielo hoy está muy triste. Yo, más aun. No sé qué hacer con mi vida. De hecho, no sé qué me hará la vida."

"24 de agosto de 1968: comencé a leer el libro de Michel Quoist: Poemas de oración."

"25 de agosto de 1968: Fuimos al Colegio de Sacerdotes. Vi a Alexandre hasta que salió el autobús. Se despidió discretamente y sonrió."

Aquel veinticinco de agosto me marcó profundamente. Después de unos minutos de conversación con el padre Jonathan en su habitación, cuya música de fondo era la Última Canción, partió para pasar varios días en BH, en un Retiro Espiritual.

Cuando atravesamos el gran jardín de la plaza dos Coqueirais, partió el autobús del padre Jonathan. Me sonrió con tristeza y se despidió.

Una lluvia fría comenzó a caer y, en una misteriosa melancolía, el cielo se oscureció, a pesar que el reloj solo marcaba las diez de la mañana. Una nube de tristeza descendió sobre mí. Empecé a comprender, en ese momento, la importancia del padre Jonathan.

"26 de agosto de 1968: ¡Señor, dame fuerzas!

¡Lo odio! ¡Odio! ¡Odio!

Cuando noté que el padre Jonathan estaba tan apegado a mí como yo a él, comencé a sentirme culpable, con la conciencia culpable. Nunca hubo y nunca ha habido nada que pueda ser condenado en nuestra relación. Él me amaba y yo lo amaba.

La educación que había estado recibiendo desde que ingresé al internado de JS a la edad de doce años era demasiado rígida, por lo que la idea de gustar, o mejor dicho, amar a un hombre, me parecía vergonzosa, fea e incluso pecaminosa.

Mi relación con el padre Jonathan era demasiado pura para ser vista como pecaminosa. Ese algo en común entre nosotros, esa necesidad de encontrar apoyo y de dar apoyo, esa inseguridad y, sobre todo, esa ternura que desbordaba de los pequeños ojos de Alexandre era lo mismo que llenaba mi pecho, de unas infinitas ganas de dar.

Nuestra relación se fortaleció durante las vacaciones, cuando mantuvimos correspondencia regular.

Después comencé a sentir que yo era la única culpable si el p. Jonathan cometía algún error y lo que es peor, comencé a temer que, un día, el p. Jonathan iría al infierno, solo porque le agradaba.

A veces incluso me odiaba a mí, a NP y al padre Jonathan. El primero, segundo y tercero de septiembre estuvieron reservados para nuestro Retiro Espiritual. Ese año los Retiros ya no fueron largos días de absoluto silencio. El sacerdote dio una charla y luego dictó preguntas para discutir en grupo. Luego del trabajo grupal, se realizó otra reunión, en la que cada responsable expondría la conclusión del trabajo realizado.

Siempre he tenido la costumbre de hacer autoanálisis. Y, tal vez, sea realmente porque me analizo demasiado, que encuentro cosas que me sobran y sufro...

Durante los días del Retiro no vi al padre Jonathan y decidí alejarme de él cada vez que podía.

El mes de octubre nos trajo una gran sorpresa. Durante una reunión celebrada en nuestro Estudio, la Hermana Directora nos dio la noticia que el próximo año el Colegio no funcionará como internado. Por lo tanto, tendríamos que escribir a nuestros padres, informándoles, para que pudieran organizarnos otra escuela, en 1969.

Para mí la idea era incluso ridícula, ya que sería yo quien tendría que crear mi propia escuela. Creo que para el mío no importaba si estudiaba o dejaba; si volviera a JS o fuera a China...

Estaba triste porque solo yo sabía las dificultades que enfrentaría. Sola y sin apoyo. Fue el fin de la Caridad de las Hermanas. Sería el comienzo de otra vida para mí. Los problemas afrontados hasta entonces se referían a aspectos relacionados con la vida rutinaria y tranquila en un internado. El futuro sería de todo tipo. Y necesitaría mucha fuerza, mucha humildad y mucha perseverancia. El mundo redondo estaba con la boca abierta, esperando a la presa inocente...

La idea de dejar a Alexandre me hacía feliz y, al mismo tiempo, triste. Podría ser más libre estudiando en una escuela externa. Podría estar cerca de mi familia y adquirir nuevas experiencias, mantener nuevos contactos, olvidándome de Alexandre. Pero al mismo tiempo, no podía pensar en olvidarlo. Fue alguien que me apoyó, me entendió y me quiso mucho. ¡Para él mis absurdos eran tan naturales! Mis deseos, ideales, complejos y dilemas eran cosas comunes y algún día los superaría. ¡Oh! ¡Qué comprensivo y humano era Alexandre! Cora, ¿podría vivir en un mundo turbulento y malvado, lejos de los ojos y los consejos de Alexandre? ¡Un sacerdote así nunca existiría!

Y como todo en el mundo, el año 1968 llegó a su fin. Los últimos días habían sido tristes. El padre Jonathan no continuaría en NP, pero tampoco sabía a dónde sería enviado. No sabía cómo afrontar mi nueva vida, junto a mi familia, en un colegio extraño.

Esas palmeras, esa plaza, esa gente... Todo lo que había allí quedaría en mi corazón para siempre. Las batallas internas, las dudas, los amigos, las Hermanas nunca abandonarían mis recuerdos.

La última noche que pasé en la Escuela Normal me trajo recuerdos muy detallados de cada momento que pasé allí. Incluso me acordé de Carlito, un joven de Masju, que de vez en cuando me enviaba una nota delicada y recuerdos afectuosos. Una vez el padre Jonathan me dijo sonriendo:

– Carlitos estaba en la iglesia con su novia. Tiene novia, ¿lo sabías?

Yo estaba triste. ¿Incluso el padre Jonathan pensaba que yo no era digna de tener un novio? ¿No era una chica como las demás? ¡Maldita vida! ¡Incluso el padre Jonathan se alegraba de mi sufrimiento! Por supuesto, no estaba sufriendo por el hecho que Carlitos estuviera con su novia, sino por el hecho que el padre Jonathan me lo dijera y todavía parecía feliz.

También me acordé del secretario del Colegio Estatal de NP. Era un joven muy inteligente, concejal del Ayuntamiento y que fumaba en pipa. Era un chico exótico y el padre Jonathan sabía que yo estaba enamorada de él.

Todo pasó. Las canciones que sor Fernanda tocaba en las noches, al lado de nuestro dormitorio... Ámenme, por favor, ámenme... Las fiestas, las clases, los frutos del Colegio, nuestro mundo... Todo pasó... Unas a las horas del amanecer; sin embargo, aun permanecían mis recuerdos, mis lágrimas y un balance general de mi vida.

Todavía recordaba a Edilene y sus prejuicios... La vida para ella no sería difícil, ya que era muy rica... Pobrecita, tan llena de dudas, de problemas religiosos y morales... tan llena de "tabúes."

"La Oración de San Francisco" cantada por el padre Jonathan... Esa voz tan parecida a la de Moacyr Franco...

Al día siguiente, después de Misa, me despedí del padre Jonathan. Algo extraño se detuvo en mi garganta y las lágrimas cayeron.

– ¡Marina, no llores, niña! La vida es así. Es muy triste para nosotros decir adiós. Sé que sufriremos, nos extrañaremos, pero debemos ser fuertes. Oraré por ti y sé que tú también orarás por mí. Eres muy joven y seguirás siendo muy feliz, estoy seguro. Un día, ¿quién sabe? Nos veremos... Quién sabe, tal vez incluso vaya a JS... Ahora, vete. Saludos a los tuyos. Mis mejores deseos, Marina. Todo lo que estamos viviendo fue hecho por nosotros, los humanos. La belleza de la vida humana consiste en estos encuentros y desacuerdos. Algún día nos veremos... Quizás más maduros y conscientes... Ve, Marina, con Dios. No me olvides... todo aquí.

Miré al padre Jonathan. Mis ojos se inundaron... mi mano tapándome la boca, para contener un fuerte sollozo. No pude decir una sola palabra.

– Esperaré una carta tuya, ¿sí? – dijo Alexandre, un poco ahogado.

Asentí y prometí escribirle. Y me escapé.

– ¡Psst! – dijo el padre Jonatán. Me volví.

- Dame un abrazo.

Lo abracé y cuando lo miré a los ojos, estaban llenos de lágrimas.

– Así es la vida, Marina.

– Te escribiré, Alexandre – logré decir –, y me fui. Una vez en la puerta de salida, miré hacia atrás. El antiguo edificio de la Escuela Normal parecía más melancólico; el extenso jardín, más viejo, más cansado… cada lecho está más seco… cada árbol, más triste…

Una vez más miré hacia atrás. El padre Jonathan llegó a la entrada y se despidió de mí.

Esa imagen de Alexandre con un traje gris sería una sombra que me seguiría por la vida… ¡Qué bien se veía con traje! Gris o negro. En su sotana; sin embargo, permaneció triste y parecido a "Eurico…"

Continué, un poco aturdida, como si hubiera salido de una cama de hospital.

Me sentí como una oveja a punto de ser sacrificada…

Segunda parte

El silencio sepulcral de las dos de la madrugada solo fue interrumpido por la respiración agitada de mi madre. Allí, en la cama del hospital, parecía más bien una mujer moribunda. El cuello - lugar de la reciente cirugía -, estaba morado e hinchado, los pulmones eran insuficientes y la dificultad para respirar era muy frecuente. Mamá dormía de forma extraña, a veces demasiado tranquila, haciéndome pensar lo peor; a veces demasiado agitada, provocándome miedo.

Allí estaba la cama de la compañera, extendida, inmaculada. Estaba desocupada porque no podíamos permitirnos un acompañante. Y yo era escolta y no podía usarlo. Así que me quedé dormida en la silla, mirando la cama vacía...

Solo una siesta y me desperté sobresaltada, con mi madre toda negra, sentada en la cama, sin aliento. Inmediatamente llamé al timbre y vino la enfermera. Pronto llegaron dos médicos, varias monjas del hospital y una enfermera con oxígeno.

– ¿Eres la mayor, hija? – Me preguntó una de las monjas.

Me quedé aturdida al contemplar el sufrimiento de mamá. Nunca antes había visto algo tan triste.

– Sí señora, soy la mayor.

- ¿Cuántos son ustedes?

– Somos seis. El pequeño tiene apenas un año.

- ¡Pobrecito! – dijo la Hermana –, pero ten valor, hija. Dios no abandona a sus hijos.

En ese momento me di cuenta que la monja se refería a la muerte de mi madre y comencé a llorar.

¡Tantos años lejos de los míos! Y ahora que tuve la oportunidad de estudiar en un colegio público, teniendo el gusto de regresar a casa por la tarde, ¿mi madre muriendo? ¡Oh! ¡Vida cruel, soberano sádico! ¡Dios mío, cuánto has perdido estudiando lejos! ¡¿Mi madre sufriendo por mi ausencia y ahora, las dos juntas, el destino intentando separarnos para siempre?!

Una crisis de llanto se apoderó de mí, no dejándome darme cuenta que todos se habían ido, que mamá ya estaba durmiendo, con color normal, oxígeno...

La monja, a mi lado, tenía una leve y triste sonrisa en los labios:

– Mantén la calma, hija. Ahora ella está fuera de peligro. Acuéstate y duerme.

– No quiero dormir, hermana, y no puedo. Me quedé aquí solo para no dejar sola a mamá. No podemos pagarle un acompañante.

- ¡¿Y?! ¿Y cómo estuviste?

– Me quedé escondida y no saldré hasta que mamá se vaya.

– Pero… no puedes, hija. ¡Para quedarte, debes pagar!

– ¿Pagar por el espacio en el suelo? La cama, hermana, ni siquiera la uso para sentarme. ¡Solo bebo agua, incluso así, sin filtrar! No, hermana, por favor perdóname, ¡pero no me iré!

– Entonces lo arreglaremos – y la monja se fue. Mamá durmió tranquilamente.

Fui a la ventana.

Un poco más abajo del gran hospital, la Basílica; la ciudad, ese mundo de JS que, apenas unos meses antes, echaba de menos...

Eran principios de 1969. Mis problemas como estudiante interna eran cosa del pasado. Nuevos problemas iban surgiendo y el más grande estaba ahí: Mamá entre la vida y la muerte...

Las primeras estrellas de la mañana brillaban en el claro infinito. Me acordé de NP y del padre Jonathan. ¿Qué estaría haciendo? ¡Por supuesto durmiendo! ¡Qué absurdo!

Padre Jonathan... Me faltaba un hombro amigo, una palabra de consuelo... alguien que me mirara profundamente a los ojos, adivinando mis pensamientos... ¡Padre Jonathan, dulce recuerdo de mi pasado muy cercano...!

El reloj de la Basílica anunció las cuatro de un nuevo amanecer. La soledad se apoderó de mí y tenía miedo...

El año que acababa de comenzar me llenaba de pavor. Sin embargo, era necesario ser fuerte y tener fe. Un día habría un puerto de llegada, algo mejor, más suave que mi triste viaje...

Mire hacia atrás. Mamá seguía durmiendo tranquilamente. Sin embargo, algo extraño me asustó. Una persona se escapó del lavabo y se metió debajo de la cama de mamá; corrió sin hacer ruido. Rápidamente me agaché y miré debajo de las dos camas, pero no había nada. La puerta estaba cerrada; bien cerrada. La figura no había entrado ni salido por ella.

Mamá abrió los ojos:

– ¿Tú también lo viste, Nega? – Preguntó en voz baja, casi sin voz.

– ¿Una persona metiéndose debajo de la cama? ¡Por supuesto que lo vi!
¡Creo, mamá! ¿Qué será?

- Por favor, hija mía... Por favor... – dijo casi pensativa.

Estaba aterrada.

- ¿Cómo pudo saber mamá si estaba dormida cuando apareció la figura?

Recé para que el día llegara rápidamente.

Marciño y yo habíamos solidificado nuestra relación. Ya había venido a mi casa. Yo era, en términos de amor, feliz.

Mamá había salido del hospital casi bien; solo que la voz aun no había vuelto a la normalidad.

Inicié la Tercera Normal, entre emocionada y temerosa. El grupo era conocido. Eran niñas que fueron mis compañeras de primaria y secundaria. Solo a tres de ellas no las había conocido antes. Y una de ellas luego se convirtió en mi mejor amiga. Era hija de un comandante del ejército.

El mundo se abrió ante mí, lleno de matices, de cosas nuevas. No más esa rutina del internado. Ya no eran los mismos problemas y las mismas alegrías. Eran cosas nuevas. No del todo agradable, pero tampoco del todo malo.

Mis notas fueron excelentes, como antes. Mi clase me amaba y me pedía ayuda, especialmente en portugués.

La hija del comandante - se llamaba Victoria -, se convirtió en mi gran amiga. Me contó sus cosas, sobre todo cómo la trataban en casa. Me habló de su novio, sus hermanas, el club y sus fines de semana. Era un mundo atractivo el suyo. A veces, incluso quería participar en ello...

Marciño venía a mi casa una vez al mes.

El padre Jonathan me escribía a menudo largas cartas, me enviaba tarjetas y postales y siempre hablaba de su nuevo entorno. Ahora estaba en BH y tenía un inmenso campo de actividades.

La vida, para muchas personas, era difícil. Todo muy caro. Trabajo para chicas, en JS casi no había. O tendría que ser empleada doméstica y lavandera o trabajar en fábricas textiles. Estos no aceptaron estudiantes. Como dependiente de una tienda, no fue fácil conseguir trabajo. Las tiendas más grandes ya contaban con su antiguo personal y no admitían a los recién llegados. Las tiendas pequeñas no necesitaban dependientes, ya que los propios propietarios se encargaban de todo.

A pesar de ser una Escuela Estatal, necesitaría dinero para comprar materiales; para transporte en días de lluvia, ya que la escuela estaba muy lejos de mi casa. Algunos días de la semana, nosotros, en el tercer año, nos vimos obligadas a quedarnos a tiempo completo: desde las siete y media de la mañana hasta las once y media y desde las una hasta las siete y media. Esos días, cuando no había dinero para el alojamiento, ni siquiera tenía tiempo para almorzar, debido a la enorme distancia. Estaba sintiendo de primera mano las dificultades del mundo exterior.

Mamá todavía estaba casi muda y débil. Mi hermana había conseguido trabajo en una pequeña tienda y le pagaban muy mal. Papá vivía de trabajos ocasionales, a veces se quedaba en casa mucho tiempo, sin trabajo. El único que realmente trabajó duro fue mi hermano de quince años, que trabajaba en una farmacia del centro. Tuvo que abandonar sus estudios a los trece años para trabajar y ayudar en la casa... La vida empezaba a mostrarme sus garras. Empecé a sentir el dolor que viene desde lo más profundo del alma; el peso de la pobreza y esa cosa desagradable que son las conjeturas de los familiares en la vida de los más pobres.

Logré agarrar una maleta con ropa para lavar, cada vez que estaba en casa. Cinco cruceiros al mes. Al menos mis cuadernos los pude comprar.

Una sorpresa muy agradable, una tarde, víspera de Semana Santa, era como un oasis en medio de un desierto ardiente: Llegó mi hermano y me dijo que alguien me había buscado en la farmacia.

- ¿Quién podría ser? - Pregunté.

– Un sacerdote sonriente y de piel oscura. ¡Creía que esa era tu casa, Marina!

– Es por las cartas que siempre van ahí. Nunca di la dirección de mi casa. Nunca imaginé que aparecería...

– ¡Él apareció, hermana, y quiere verte! ¡Él es formidable! ¡Me gustó de inmediato!

Mi hermano estaba eufórico. Yo; sin embargo, estaba pensativa. El padre Jonathan sabría ahora que yo no era una interna como las demás. Él sabría sobre mi vida miserable, de mi familia... de mi barrio humilde, lleno de gente triste e inadaptada...

Sin embargo, la felicidad de verlo nuevamente me hizo alejar rápidamente los pensamientos amargos.

– ¿Y dónde está? – Pregunté.

– En la universidad, hermana. Y quiere verte hoy.

Me preparé y fui a la universidad.

Mientras esperaba, recordé a NP, el momento en que me despedí de Alexandre... el pasado... quise llorar, volver atrás, en el tiempo y el espacio...

– ¡Marina! ¡Como te extrañé! – El padre Jonathan me abrazó fuerte. Nos sentamos.

– Pensé que vivías encima de la farmacia...

- No señor. Nunca viví allí. Mi hermano es solo un empleado...

– Pensé que tu hermano era un hombre casado... ¡y es un niño!

– Es un empleado... – dije con amargura.

– ¡Te ves tan hermosa, Marina! Te va bien en la escuela, ¿no?

- Sí, padre.

- ¡¿Qué?!

– Alexandre...

– Ahora más que nunca quiero ser Alexandre... Podemos hablar más libremente, sin horarios, sin las Monjas y el Reglamento...

– Te extrañé, padre Jonathan... Ojalá el tiempo retrocediera... No puedo aceptarlo... Estoy triste...

– ¿Qué es esto, Marina? Yo tengo la culpa, ¿verdad? Vine a traer recuerdos... ¿verdad? Dime, Marina, desearías que nunca apareciera aquí... sé honesta...

- ¡Nada de eso! Realmente disfruté poder verte de nuevo. ¡Saber que alguien vino desde muy lejos y vino aquí gracias a mí es maravilloso! Si no vinieras, Alexandre, ¿cómo nos volveríamos a encontrar? Es muy difícil para mí... Estoy triste porque encuentro la escuela muy extraña... Profesores raros... Estudiantes fumando... No estoy acostumbrada. Es la primera vez que estudio en una escuela como ésta, padre.

– ¡Psst!

– Alexandre...

– Mira, Marina, no puedes perder la cabeza. Ahora es el momento que demuestres la formación que recibiste. Sé que es duro. Quizás te sientas fuera de lugar, pero pronto te acostumbrarás.

El padre Jonathan estaba sentado a mi lado, vestido con su traje gris. Era más joven, más gordo, más hermoso.

- ¡Te ves tan bien! Fue bueno dejar NP.

– Nunca me gustó estar encerrado en la universidad, Marina. Fui hecho para una vida libre en la Parroquia, entre la gente.

– ¿Y por qué no vienes aquí? ¡Esta Parroquia aquí, por ejemplo, es enorme! Es lo mejor de JS. Bien organizada... Es una línea divisoria entre un barrio muy pobre y uno rico. Lo harías muy bien.

– Desafortunadamente, no depende de mí. ¿Y quieres que vaya?

- ¡Mucho! Mira, yo no salgo, no participo en nada. Solo voy a clase y a misa los domingos. Empecé a dar Catecismo allí en mi Parroquia, pero a Marciño no le gustó la idea y me fui.

– Entonces, ¿tu novio no quiere que enseñes Catecismo? Eso es malo, cariño. Tus actividades, si son buenas y saludables, no puede prohibirlas. Piensa, piensa bien. Aun no te has comprometido, de modo que uno puede estar obstaculizando la libertad del otro... ¿Y por qué has abandonado el Catecismo en tu Parroquia?

– Entiende... me gusta Marciño...

– Querer no es suficiente, Marina. Tienes que amar. Amor, ¿entiendes?

Asentí con la cabeza.

– ¿Viene mucho por aquí?

– Una vez al mes, únicamente. Y llega ahora, el Viernes Santo.

– Quiero conocer a tu novio, ¿sí?

- Lo conocerás.

Hablamos mucho y me despedí prometiendo volver la tarde siguiente, después de clases.

Volvía a ver al padre Jonathan todas las tardes que precedían a la Semana Santa. Una de esas tardes el padre Jonathan me dijo:

– Mañana me llevarás a tu casa, ¿sí?

- ¡No señor! No puedo, padre Jonathan. ¡No quiero que vengas a mi casa!

– ¡Psst! ¿Qué es esto, Marina? ¿Por qué?

– A mi padre no le gustan los curas – mentí, a tiempo.

– No me presentaré como sacerdote. Diré que soy un ex profesor, tu amigo.

– Papá no lo entendería, Alexandre – continué mintiendo. Es muy estricto y no permitirá que ningún hombre se acerque a mí, ahora que tengo novio...

– ¿Le gusta Marciño?

- Le gusta mucho. Quiere que me case con él.

Y eso era cierto. A papá siempre le gustó Marciño. Alexandre me miró profundamente a los ojos, mordiéndose el labio inferior.

– Entonces, Marina, ¿no hay otra manera, otra forma de presentarme? ¿O si estuviera en un momento en el que solo fuera tu madre?

– No, Alexandre. Preferiría que no fueras. No te enfades conmigo... No creo que mamá lo entienda tampoco... Es maravillosa, pero también es muy estricta...

– Está bien, Marina, como no hay otra manera, no iré. Y tú, ¿seguirás visitándome mientras esté aquí?

– Si no estuvieras enojado conmigo, Alexandre… volveré mañana.

- ¡Así! ¡Me gustó verte! Di siempre "Alexandre" y "tú." Ven mañana, ¿si?

Caminé por la calle del Santuario maldiciendo la pobreza. ¡Maldita vida pobre! Si mis padres tuvieran una casa decente, podría llevar a Alexandre allí. ¡Maldita sea! ¡Esa casa miserable! ¡Ese barrio tan feo! ¡Esos vecinos raros! ¡Oh! Dios, ¿por qué me hiciste así? ¿Por qué a unos les sobran cosas y a otros les faltan? ¡Que injusto! ¡No hice nada para ser castigada así! ¡¿No llevar a mi mejor amigo a mi casa, porque esto es humilde?! ¡Es demasiado!

Lloré en la calle.

Al día siguiente, después de la pasantía, que fue realizada por la mañana fui a almorzar temprano.

– Marina, ¿cómo es el padre Jonathan? – Me preguntó mamá.

- ¿Por qué mamá? ¿Por qué quieres reírte?

– Mire, por aquí pasó varias veces un taxi que llevaba a un hombre muy moreno, de traje gris, pelo gris y ojos pequeños…

– ¿Pasó o llegó hasta aquí? - Grité.

– Pasó lentamente, varias veces, por mi hija, y señaló nuestra casa como si hubiera descubierto…

- ¡Maldita sea! ¡Ese sacerdote es descarado!

Golpeé la mesa y comencé a llorar.

– ¿Qué pasó, hija mía? ¿Por qué lloras?

– Quería que lo trajera aquí y yo no quise. ¡Entonces vino a inspeccionar! ¡Inspeccionar, mamá! ¡Para conocer mi miseria, de cerca! ¡Él no sabe de nuestra pobreza!

Mamá estaba triste.

– No es tu culpa, mamá… Si hay alguien a quien culpar, es ésa… ¡esa sinvergüenza tía Joana que se quedó con tu parte de la herencia de papá! ¡Nunca dejaré de pensar en ello! ¡Somos las víctimas y ni siquiera puedo traer a un amigo a conocer a mi familia!

– Tráelo hija mía, él es sacerdote y lo entenderá…

- ¡No entiendes nada! ¡Es curioso y atrevido!

Mi irritación alcanzó su punto máximo. No almorcé. Me di una ducha y regresé a la escuela. Ni siquiera sé qué pasó durante la clase. Tenía la sensación que el padre Jonathan me estaba haciendo daño. Estaba invadiendo mi privacidad. ¿Por qué habría venido tan lejos para visitar mi barrio, ver mi casa y, aunque sea de lejos, quedarse a conocer a mi madre? ¿Por qué Dios mío? ¡El padre Jonathan se equivocó!

Solo quince años después pude comprender por qué sucedió todo eso... Las cosas no suceden por suceder... Todo tiene un significado... una causa... un efecto... Un sacerdote partiendo desde lejos para adentrarse en la vida de una joven que había conocido en un internado... Si lo hubiera sabido, en ese momento, habría llevado al padre Jonathan a mi casa y le habría contado mi vida detalladamente..

Por la tarde, después de clases, estaba indecisa, sin saber si iría al Colegio a ver al padre Jonathan o no. La verdad es que no tuve el coraje de enfrentarlo. Y yo también estaba molesta. El padre Jonathan no tenía derecho a pasear por mi barrio, buscando y observando mi choza.

Cuando llegué a la esquina, me detuve y pensé mucho. Luego subí por la calle del Santuario. El padre Jonathan estaba cerca de la puerta del Santuario hablando con alguien. Esperé hasta que salió y entonces me acerqué, temerosa y triste.

– ¿Por qué llegaste tarde hoy? - Él me preguntó.

– No sabía si vendría o no...

– Psst... ¿Por qué?

– No lo sé... tantas cosas...

– Ven aquí, Marina – me llamó a mitad de la calle –. ¡Mira, ahí, tu casa!

Señaló hacia mi casa.

- ¿Qué estás diciendo? ¡Ahí no es donde vivo!

¡Está un poco por aquí! Más cerca de la fábrica.

– ¡Está ahí, Marina! Ese tipo de casa amarilla...

- ¡No señor! ¡No es! – dieo un poco temblorosa.

El padre Jonathan me miró con una mirada llena de compasión y guardó silencio.

Puse mi mano en mi cara. Parecía que estaba en llamas. Tenía miedo que mi pobreza me separara del padre Jonathan.

Estaba mintiendo demasiado.

– Marina... Me llevó hasta la puerta del Santuario. Lo esencial es lo que tenemos dentro. Nuestra alma, cariño. El resto es transitorio... Ni siquiera nuestros cuerpos nos pertenecen... ¡Y eso vale tanto para pobres como para ricos! ¡Un día todo será esplendor, Marina! Entonces sí, ¡seremos felices! ¡Cristo! Cristo, Marina, ¿quién era?

El padre Jonathan pasó su dedo por una lágrima que corría por mi rostro. En ningún momento se refirió claramente a mi pobreza, que había descubierto...

- Tengo noticias para ti.

- ¿Qué hay de nuevo? - Pregunté.

– Voy a ayudar en las festividades de Semana Santa, en SN.

- ¡No creo!

– ¡Cierto, Marina! Voy allí mañana.

- ¿Cómo fue eso? ¿Lo pediste y te envió el padre Director?

– El Vicario de SN pidió ayuda a un sacerdote. Y solo quedé yo...

- ¡Imposible! ¡Que coincidencia! Así que vete.

- Mañana. En María-Fumaça.

- ¡Que maravilla! A mí también me gustaría ir, padre Jonathan.

- ¡Entonces vamos!

- No puedo. Aquí viene Marciño.

Vamos a asistir a las solemnidades de la Pasión de Cristo, Marciño y yo, en Largo M. detrás de la Basílica. Allí, una gran multitud se reunió bajo el cielo despejado, sedienta de las palabras del Predicador. No tanto por el contenido del mensaje en sí, sino por la belleza del vocabulario y el don del arte de la oratoria... Luego habría comentarios sobre la voz del predicador, su dicción y su don de impresionar. Desafortunadamente, así es como sucede.

En el tiempo que precedió al inicio de la ceremonia, Marciño me contó que el jueves, ante el Lavapies, en SN, estaba arrodillado, casi al fondo de la iglesia, cuando el sacerdote que ayudaría al vicario local lo tocó en el hombro y le preguntó:

- ¿Puedes leer?

– Un poco – respondió Marciño, encontrándolo muy extraño.

Así que ven aquí para que puedas leer el comentario ritual.

– ¡Descarado, Marina! – Me dijo Marciño. ¡Él no me conocía y luego empezó a bromear!

– Él es así. ¡Muy juguetón! - Le dije.

– ¡No me gustaba! ¡Y dijo que es tu amigo!

Marciño estaba molesto.

– Sí, Marciño. Él es mi mayor y único amigo. Es un sacerdote maravilloso. ¡Humilde, caritativo y alegre!

– ¡Qué tonto es! ¡Vagabundo! Marciño mostró resentimiento.

– ¿¡Qué te hizo, por el amor de Dios!? Solo quería bromear, preguntándote si sabías leer... ¡Mira, Marciño, perdóname, pero el padre Jonathan no es un vagabundo!

- ¡Sí lo es! ¡Imagínate que tuvo la osadía de ir a mi casa, a conocer a mis padres...! ¡Y llegó bromeando, diciendo que en SN comentaban que se parece a mí! ¡Descarado, Marina! ¡Solo imagina! ¡Me parezco a él!

– No me malinterpretes, Marciño, pero hay una similitud, sí...

Marciño estaba furioso.

– No hace falta que aclares que eres mucho más hermoso – le dije evitando el ambiente desagradable que se apoderaba de nosotros.

– ¡No quiero que sigas siendo amigo de este padre...!

– ¡Eso es todo, no me lo vas a prohibir! Lo siento, pero nuestra amistad es muy valiosa. Debes entender que él también está tratando de ser tu amigo. ¡No puedes juzgarlo sin saberlo!

– ¡Habla mal, bastardo! – Dijo Marciño, burlonamente.

– ¡Lo importante es el mensaje, mi amor! ¿Dejemos de pelear? Dejemos de lado al padre Jonathan y pensemos en nosotros mismos. Apenas nos vemos... y aun así, ¡¿vamos a arruinar nuestros momentos con discusiones inútiles?!

- Es verdad. No importa ahora.

– Marciño, ¿cómo están esas chicas "poseídas"?

A principios de enero, un campesino de SN había perdido a tres niñas y un niño ahogados en el Río Grande.

Fueron a nadar los cinco hermanos: el mayor, que era novia, de veinticuatro años; uno tenía unos veintidós años, otro diecinueve, el niño quince y la niña ocho.

En un momento, la pequeña comenzó a ahogarse y los cuatro más grandes se lanzaron a salvarla. Consiguieron sacarla del agua, pero los cuatro murieron al mismo tiempo, tragados por la corriente.

SN fue testigo de la mayor tragedia durante sus casi trescientos años de existencia. Fue un golpe terrible, no solo para la familia, sino para todos nosotros. Las chicas eran amadas por todos. Eran unas jóvenes maravillosas y todo el mundo estaba indignado por un hecho tan brutal. ¿Era esa la voluntad de Dios?

Durante los días que siguieron a la muerte de los cuatro jóvenes, una familia humilde, con varios hijos, fue el blanco de todas las miradas. Tres niñas de esta familia enfermaron repentinamente y comenzaron a hablar y actuar como si fueran las tres jóvenes ahogadas. Lloraron y dieron mensajes a su familia y a su prometido y se retorcieron como si estuvieran sufriendo mucho.

Se solicitaron médicos, un sacerdote para bendecir... La multitud de curiosos que entraban y salían de la casa de los "poseídos" era casi la misma que la multitud que presenciaba la búsqueda de los cuerpos en el río...

Había gente que decía que era falta de una buena paliza; otros decían que querían ser el blanco de la atención general y otros creían firmemente que los espíritus de las jóvenes ahogadas se habían apoderado de las tres hermanas. Fue, sobre todo, una ofensa a las familias de las víctimas de Río Grande.

Fue todo muy horrible. Como no creía en la posibilidad que un espíritu de alguien que había muerto entrara en el cuerpo de otra persona, me pareció todo muy ridículo y traté de no saber más sobre la historia. Solo le pregunté a Marciño por preguntar, para quitar ese ambiente desagradable que generó la conversación sobre el padre Jonathan.

– Mejoraron – respondió Marciño -. Todo ha vuelto a la normalidad en SN. Las personas; sin embargo, que conocían a las niñas y las querían tanto, no pueden aceptar y todavía no creen en una pérdida tan repentina...

Comenzó la ceremonia del Descendimiento de la Cruz e inmediatamente buscamos un lugar cómodo, para no perdernos ni un gesto ni una palabra del Predicador.

El sábado por la tarde, Marciño regresó a SN, su tierra natal, y el lunes, el padre Jonathan llegó nuevamente a JS.

– ¿Cómo fue la Semana Santa en SN? - Le pregunté.

– Me gustó, Marina. Confieso que mi viaje allí le resultó de algún beneficio.

– Beneficio para mí, ¿qué?

– Mira, Marina… Alexandre se mordió el labio inferior y me miró como siempre. ¿Puedo contarte lo que aprendí en SN?

- ¡Claro! ¡Se puede decir!

Me asusté.

– Marciño se va a casar con su cuñada... Me reí.

– Psst... ¡es verdad, Marina! Todos los presentes comentaron lo mismo.

– ¿Su familia también? – Pregunté con aire de desafío.

– No. No su familia. Solo la gente en la calle. También descubrí que tiene un "affaire" con una tal Carla. Ya la conoces... Ella vive en SN... Él fue su "novio" primero...

- ¡Entendí! Sé quién es, pero no queda nada entre ellos dos.

– ¡Tú, hija mía, estás siendo demasiado ingenua! Tú estás lejos, eres una chica sin experiencia en citas... Demasiado ingenua... Si te lo digo, Marina, es porque soy tu amigo y no quiero que sufras después.

– Te lo agradezco, padre Jonathan, pero creo que le agrado a Marciño. Sé que su padre quiere que se case con su cuñada, por culpa del chico... Él; sin embargo, no quiere.

– Escuché que su padre realmente quiere que se case con su cuñada, pero no hay presión, Marina. ¡A Marciño le gusta mucho!

Marciño era viudo y tenía un hijo. El niño estaba muy apegado a la hermana de su madre, que había muerto al dar a luz. Por eso Marciño, y mucha gente, pensó que el matrimonio entre él y su cuñada funcionaría.

– No lo sé, padre… pero, si descubro que es realmente cierto, romperemos.

– ¡Es verdad, Marina! ¡Si te lo digo, niña! Y traté de averiguarlo, solo para ayudarte, ¡porque soy tu amigo! Y lo peor, hija mía, es este caso de Carla. ¡Es un caso viejo! Desde antes del primer matrimonio de Marciño. Son estos casos, Marina, los que tienden a destruir el hogar, entonces...

– Creo que este caso ya no existe… Y luego, para ser honesta, confío en él – dije, cerrando el asunto.

- Todo bien. Lo dejaremos ir. Yo hice mi parte – dijo el padre Jonathan, un poco triste -. Mañana debo viajar a BH.

- ¿Como? ¿Entonces te vas mañana?

Yo estaba triste.

– No, Marina. Necesito ir a BH, pero volveré mañana.

– ¿De verdad mañana?

– Sí. Puedes pasar por aquí por la tarde y ya vuelvo.

El padre Jonathan no regresó ese mismo día. Pasé la noche preocupada, pensando que realmente se había ido sin despedirse de mí. Lamenté no haberle creído. ¿Y si tuviera razón?

Sin embargo, al día siguiente, el padre Jonathan me esperaba en el jardín del colegio.

– ¿Viniste aquí ayer?

– Y todavía me asustó, ¿no? – Dije aliviada, al verlo.

– Había tantas cosas que no había tiempo para volver atrás, Marina.
Perdóname.

- Tenía miedo que no volviera. ¿Qué haré cuando te hayas ido? La ciudad estará vacía... Por la tarde ya no pasaré... Todo perderá sentido... A veces tengo ganas de abandonarlo todo y seguirlo... ¿Qué será esto, padre Jonathan? Incluso tengo miedo de la condenación eterna... No estamos cometiendo ningún error, pero usted es sacerdote... debe gustar a todos por igual sin exclusividad...

– ¿Y si no fuera sacerdote? – El padre Jonathan parecía tierno.

– Si no fueras sacerdote, no me harías caso.

– ¡Psst! No digas tonterías, Marina... ¿Y no tenía también Cristo predilección por un apóstol?

El padre Jonathan me miró mucho y luego sacó de su bolsillo una cajita dorada y me dijo:

– Un recuerdo para ti. Iba a traer un reloj que era de mi hermana, pero no lo pensé.

Sería bueno regalar algo usado y decidí comprar este pequeño collar...

Abrí la caja. De él se exhalaba un delicioso perfume. En el interior, entre el algodón, un cordoncito con un bonito crucifijo.

- ¡Que bonito! Padre Jonatán. ¡Qué delicioso perfume aquí!

– ¿Te gustó, Marina?

- ¡Me gustó! Dios te pague, Alexandre. ¡Será el recuerdo más preciado de toda mi vida...!

Mis ojos se llenaron de lágrimas. El padre Jonathan sonrió.

– Estoy leyendo un libro muy bueno, Marina. Te copiaré algunos pensamientos interesantes, ¿sí?

– Está bien, pero no estaré aquí mañana. Habrá la inauguración de la vía que conecta JS con la ciudad de L y representaremos al Colegio. Saldremos temprano y no sé a qué hora regresaremos.

– ¿Dónde será la fiesta inaugural?

– No lo sé exactamente, pero creo que estará cerca de C en el Club Náutico.

Al día siguiente, temprano en la mañana, tomamos el autobús especial cerca del Teatro Municipal y nos fuimos.

Durante el discurso del Dr. Mário Andreazza, entonces Ministro de Transportes, uno de mis amigos me tiró de la blusa y me dijo que Marciño me estaba buscando.

Salí a buscarlo entre la gente y mi sorpresa fue enorme cuando el padre Jonathan saltó desde lo alto de un barranco y casi cae de rodillas a mi lado.

- ¡¿Estás aquí?! ¡Eso era lo único que faltaba!

– ¿No te gustó mi llegada? – preguntó el padre Jonathan, entregándome un "Waltz Dream."

- Solo pensé que era gracioso. ¡Qué mal está aquí... Tantos discursos, qué fastidio!

– Encontré un aventón y vine.

Lo interesante es que para el padre Jonathan todo se volvió fácil y sencillo.

En el camino de regreso, cuando nuestro autobús entró en la ciudad, cerca del Cuartel, toda la promoción de la Escuela Estatal cantó:

"Había una vez campos verdes, besados por el sol...

Érase una vez los valles, por donde corrían los ríos…"

Empezamos en inglés y terminamos en portugués:

"Qué triste está mi campo verde

sin mi querida…"

Dos días después, el padre Jonathan me entregó las notas que me había prometido, las cuales transcribo aquí en el original:

"Para que reflexiones:

1) Nadie en este mundo puede escapar de sus sufrimientos y pruebas.

2) El hombre más "humano" es el que comprende su naturaleza y actúa según ella, y sabe sufrir los "errores" de la naturaleza sin perder su "cachola" y sin hacer la guerra.

3) La suma de la cuenta de nuestro vivir es el resultado, comprimido y justo, de las largas cuotas de los sacrificios. A medida que el número crezca, el resultado crecerá.

4) Con sudores, después de sudar, el descanso será más suave. Quien no sufre no vive.

5) El mérito de una vida no depende de victorias y buenos éxitos. Sí, del trabajo que siempre corona al héroe que lo realiza.

6) La vida humana es un don divino. Amar la vida es dar valor a la preciosa ofrenda del Señor de todos. Alex."

En otro papel, doblado por la mitad, que me había dado el padre Jonathan junto con el primero, estaba escrito:

"Morir es volver al origen." Está del otro lado:

"Cuando se sufre, la solución es mirar la Cruz. Alex."

– Marina, mañana ya no necesitarás venir por aquí.

Viajaré a BH a las dos de la tarde.

- ¡¿Cómo?! ¿Entonces definitivamente te irás mañana? ¿Por qué no te quedas más tiempo, padre Jonathan?

– No puedo, Marina. El deber me llama. Ojalá pudiera quedarme, pero no puedo. Te escribiré y siempre quiero recibir una carta tuya.

– Estaré triste... Estará tan vacío... ¿Mañana, entonces?

– Sí, Marina, ya no puedo más...

El padre Jonathan parecía triste. Me quedé un rato más y luego nos despedimos. Fue una despedida tan triste como la primera en NP. Esta vez; sin embargo, había más esperanzas que se produjera una nueva reunión.

A las cinco y media del día siguiente, cuando pasé por la esquina de la calle Santuario, se me cayeron las lágrimas.

Un pesado vacío invadió mi alma. De repente me invadió un remordimiento: ¿Por qué no me salté la clase y fui a la estación de autobuses? Sin duda, el padre Jonathan había esperado.

Llegué a mi casa, vacía, sin propósito. Sintiendo el sabor de la nada en mi alma. La ausencia del padre Jonathan sería ahora más dolorosa para mí.

Algunos días después de la partida de Alexandre, recibí un correo muy pesado... Cuando lo abrí, varios billetes de cinco cruzeiros cayeron sobre mi cama. ¡Me horroricé! ¿Por qué eso? ¿Para qué sería ese dinero?

Leí la carta. El padre Jonathan, sin siquiera aludir a mi pobreza, me escribió que me enviaba ese dinero para que pudiera comprar lo que necesitaba para mis estudios.

¡Me indigné! ¡Realmente ofendida! Empecé a odiar a ese sacerdote. Entonces, ¡realmente descubrió todo sobre mí! ¡Y ahora estaba lleno de compasión! ¡Para eso era buena! ¡Ser objeto de compasión!

Me puse a llorar, con la carta en mis manos. Mamá intentó consolarme diciendo:

– ¡Creo que no hay motivo para que te ofendas, hija mía! ¡Él solo quiere ayudarte y te lo mereces! Es una señal de su amistad.

– ¡Es absurdo, mamá! ¡Él es un religioso! ¡No puede tener dinero así y aun así enviárselo a alguien! Si fuera un sacerdote secular, sí. ¡Pero él no! Le devolveré este dinero. ¡No puedo aceptar!

– No lo hagas así, hija mía. Es un sacerdote amable y solo sintió lástima por ti.

- ¡Lástima! – Grité –. ¡Simplemente sintió pena por mí! ¡Toda mi vida seré objeto de lástima, de compasión, nada más!

– Creo que deberías escribirle y agradecerle. Y pedirle que no vuelva a hacerlo así.

– Objeto de lástima, de compasión… – refunfuñé. Conté el dinero. ¡Treinta y cinco cruceiros! Para adquirir esta cantidad, necesitaría lavar ropa durante meses… Y ahora, recibirla de un sacerdote, así sin más…

No respondí a la carta del padre Jonathan, ni siquiera para agradecerle. Guardé el dinero en un cajón y no tuve el valor de gastarlo. Después, varios días después, sé que se lo regalé a mi madre y hoy no sé con certeza cómo se empleó.

Como no recibió más cartas mías, el padre Jonathan decidió enviar otra, con otros quince cruceros. Una carta larga y otra tarjeta impresa con la siguiente oración:

"*Oración por la elección de una vocación:*

"*Oh Dios mío, tú que lees en mi corazón, concédeme la voluntad de agradarte solo a Ti, dame la gracia de saber qué vocación debo abrazar y, una vez conocida, seguirla y siguiéndola puedo glorificarte, realizarme. y merecer el premio eterno. Que así sea.*"

En el reverso de la tarjeta, Alexandre escribió:

"*Marina, en tus oraciones no olvides a quienes no te olvidan. Oremos unos por otros. Tu sincero amigo. Padre Jonathan – BH Abril 69.*"

Respondí a las cartas del padre Jonathan, agradeciéndole el dinero y pidiéndole, por caridad, que no volviera a hacer eso; que me estaba ofendiendo. Después, todavía recibí varias cartas del padre Jonathan. No respondí a la última.

Las actividades escolares y también esa vida de dudas atroces sobre el amor de Marciño me absorbían demasiado.

En mayo, se realizó en la ciudad de JS un concurso sobre una figura femenina de Inconfidencia Mineira. Entré a petición de mis compañeros, concursando con un poema. Este quedó en primer lugar y el veintidós de mayo subí al escenario del Teatro Municipal a recibir mi premio. El premio prometido fue un escudo de bronce, pero lo que recibí fue una pluma Sheaffer... ¡Ironía! Mi decepción fue grande, pero estaba feliz porque Marciño asistió a las fiestas.

A los pocos días de recibir el premio, vendí mi pluma por quince cruzeiros, para ayudar en casa. El teniente del ejército que había comprado la pluma "por compasión", también "por compasión", me pidió que le diera unas clases de tutoría a su pequeño hijo, que estaba obteniendo malos resultados en sus estudios.

Entonces comencé a enseñarle portugués al hijo del teniente, todos los días, desde las tres hasta las tres y media. Antes; sin embargo, pasaba por casa de mi abuela, que estaba postrada en cama. La abuela era muy importante para mí, ya que pasé gran parte de mi infancia a su lado. ¡Sufrí, como sufrió mi abuela, tan inocentemente, a manos de mis tías! Y ella siempre es dulce y tranquila. Creo que estos son los espíritus que pasan por última vez por nuestro planeta. ¡Cómo hay personas que sufren y comprenden tan dignamente el valor del sufrimiento! ¿Cómo no se rebelan y no se arrepienten por las cuatro esquinas? Así era mi abuela. Aceptó los malos tratos con la dignidad de una buena cristiana.

En junio, Marciño no asistió a JS y, en julio, estuve un poco sola con él cuando fue a la boda de su prima.

La noche del 3 de agosto de 1969, mi querida abuela se despojó de su cuerpo, para entrar libre a la realidad absoluta.

¡Lloré tanto! El mundo había dejado de tener sentido. Era la primera vez que alguien tan querido para mí se marchaba a otra dirección. ¡Pobre abuela – siempre pensé –, sufrió tanto! Sus últimos días los pasó en la cama, en esa delgadez que hacía que su piel se rompiera al entrar en contacto con la cama. Una soledad sepulcral, porque mi tía no permitía que la gente se acercara a ella. Yo; sin embargo, llegué, entré a la casa y me senté a su lado para charlar.

– ¡Está durmiendo, Marina! – Gritó mi tía.

– No, señora, no lo está. Estamos hablando.

– ¿Cómo van las clases con el chico del teniente? – Preguntó la abuela.

– Estamos bien, abuela.

– ¿Y Marciño? Tenía tantas ganas de ver tu graduación y tu boda con Marciño... Sin embargo, hija mía, me voy a ir antes...

Se me hacía un nudo en la garganta y salía de la habitación, antes de romper a llorar.

Mi abuela ya no estaba y la vida, como siempre, seguía.

El año 1969 fue para mí muy amargo. Una amargura diferente a la que viví el año pasado. En 1968, la angustia que surgía de mi interior no tenía explicación. Yo mismo creé ese escenario dramático, donde yo era el verdugo y la inocente. En este año de 1969; sin embargo, lo que me devastó fueron acontecimientos externos: primero, el pánico por la muerte de las cuatro hermanas que se ahogaron en el Río Grande. Luego, la cirugía de mamá, que casi la lleva a la muerte. Mi relación con Marciño, que me trajo dudas crueles. Su pequeño asunto. Sus aventuras, etc... En agosto se marcha mi querida abuela... Todo esto me dejó huella, haciendo que mi entusiasmo por la graduación se apagara. Mi anillo ya fue comprado.

Un día recibí un mensaje de Alexandre, o mejor dicho, del padre Jonathan. Se encontraba en la ciudad de B - vecina JS -, y estaba impartiendo un curso de alfabetización de adultos, utilizando el Método SDB. Quería verme, ya que se iba a MR y no sabía cuándo volvería. Por la tarde tomé el autobús hasta la ciudad de B y llegué para finalizar el curso impartido por el padre Jonathan.

Después de clase, fui a cenar al Colegio de las Hermanas. Después de cenar, el padre Jonathan salió del Colegio Sacerdotal y vino a buscarme para ir a la Estación de Autobuses. Todavía regresaría ese día a JS.

La tarde era triste y ventosa, a pesar de ser octubre. La lluvia había cesado y el cielo parecía sombrío. Las empinadas calles de la ciudad B estaban húmedas y feas. Llegamos a la Estación de Autobuses y compré mi billete. Mientras esperaba la hora de partir, el p. Jonathan me llamó a un jardín de al lado y, entre el verde de los parterres y los diferentes colores de las flores, me despedí de Alexandre. Estaba vestido con un traje negro. ¡Oh! ¡Cómo lo recuerdo! Un bolígrafo rojo en el bolsillo de su chaqueta le dio un toque especial, aunque quizás solo yo lo noté. Alexandre parecía guapo, a pesar de su edad. Sus pequeños ojos siempre traían una pizca de tristeza.

La tarde agonizaba y los coches pasaban indiferentes a nuestro alrededor.

- Gracias por venir. Adiós, Marina.

– Adiós, padre Jo... Alexandre...

Me alegré de haber tenido la oportunidad de volver a ver a mi amigo. Tendría otras oportunidades, pensé. Sin embargo, en el gran misterio del Universo estaba escrito, sin que yo siquiera lo imaginara, que éste sería, en este planeta Tierra, el último encuentro de una ex alumna de un internado y un sacerdote, como sacerdote...

La fuerza oculta que gobierna el Universo es perfectamente sabia, evitándonos ciertos detalles de la vida, que nos harán daño, si tomamos conciencia de ellos...

La ciudad de B quedó atrás... mis acciones también estaban quedando impresas en el gran libro de la vida... Los segundos, todos ellos, vividos con intensidad por mí, desconociendo aun el verdadero significado de cada uno, algún día ser aclarado... Un día, cuando la sabiduría divina rasgue otra cortina delante de mí y presente una nueva revelación...

Eurico, el Presbítero, inmortalizó al notable escritor portugués. Eurico, el Cura, me había hecho vibrar en una clase de Literatura... Mi "gardingo de Cartéia" era el p. Jonathan, el

Caballero Negro, el soldado de la gran batalla terrestre... Él, "Eurico"... No se cruzó en mi camino por casualidad...

Tercera parte

SN. Treinta y uno de mayo de 1972. Nueve de la noche de una noche fría y silenciosa.

En el dormitorio, cerca de la cocina, dormía plácidamente un robusto bebé de cuatro meses llamado Kildary. Fue mi primer hijo. Me casé con Marciño, en febrero de 1971, y en enero de 1972 nació el niño.

Llevábamos una vida tranquila en SN. Marciño, además de ser dueño de una casa comercial, trabajaba como profesor y secretario en el pequeño Gimnasio CM EC. Impartí mis clases en Primaria, como contratista y también asumí las materias de Portugués, Inglés y Educación Religiosa, en el Gimnasio. El sueldo del Gimnasio era insignificante y el sueldo del Estado tardaba hasta ocho meses sin presentarse... Aun así llevábamos una vida digna y, ahora, adornada por la gran presencia de nuestro hijo Kildary.

SN es el resultado del desembarco de los Bandeirantes que, en 1674, abandonaron São Paulo, en busca de las legendarias esmeraldas, que dormían en el impresionante Vapabuçu...

La hermosa Sierra Negra da un aire de misterio al pequeño pueblo de SN. Es una montaña llena de leyendas y apariciones. La ciudad misma está rodeada de interesantes historias sobre fantasmas, pilones que golpean fuera de turno, figuras que aparecen y cadenas que se arrastran... Es la pequeña tierra donde nací y donde regresé, después de casarme.

Así que volvamos a mi cocina, la noche del 31 de mayo de 1972. Estaba frente a la estufa, preparando un biberón, antes que Kildary se despertara y soltara la sopa.

Toda la casa estaba cerrada. Marciño estaba en su almacén, hablando con sus amigos. Es costumbre, en SN, que los amigos se reúnan en los almacenes, ya que en algún momento cierran. Así que estábamos dentro de la casa, conmigo despierto y Kildary durmiendo.

Colgada de la puerta que comunicaba la cocina con la sala, había una cortina hecha de hilos plásticos blancos y negros, los colores favoritos de Marciño, debido al Club Atlético Mineiro. Estaba de espaldas a la cortina, haciendo gachas, cuando escuché la voz del padre Jonathan, llamándome por mi nombre. Rápidamente me giré para responder... Vi la cortina moverse, como si alguien hubiera atravesado ella. Apagué la estufa, aterrorizada, y corrí al dormitorio. Me recosté y comencé a analizar lo sucedido: ¿Por qué volteé a ver al padre Jonathan, si la última vez que lo vi fue en la ciudad de B, en 1969? ¿Dónde estaría ahora? ¿Por qué nos desconectamos? ¿Por qué nos alejamos unos de otros?

La última noticia que supe de él fue en julio de 1970, cuando me escribió hablándome de su apostolado en BH. ¿Por qué Dios mío no le volví a escribir?

Concluí que el matrimonio realmente es una soledad para dos y que tal vez el padre no me había llamado. Ciertamente estaría débil de la cabeza después del nacimiento de Kildary...

Cuando llegó Marciño, le conté lo sucedido y también dijo que sería agotador mental.

Me quedé dormida y soñé que una infinita plantación de lirios me separaba del padre Jonathan que, al otro lado, me tendía las manos. Sus brazos se hicieron inmensamente largos, tratando de tocarme. Mis manos también intentaron tocar las suyas y no pudieron. Cuando intenté dar pasos para cruzar al otro lado, mis pies se hundieron en un atolladero. Toda la enorme plantación de lirios estaba sobre un pantano. El padre Jonthan dijo: "¡Ven, este lado es mejor! ¡Ven, Marina, conmigo! Todo allí es tan triste…" Y sus brazos adquirieron una dimensión terriblemente grande para tirar de mí. Pero no pudimos. Me desperté. Gracias a Dios, fue solo un sueño, pensé. Sin embargo, ya no pude dormir. Me acordé del internado, de la Escuela Normal, de las Hermanas y compañeros, de la ciudad de NP y del padre Jonathan.

El día siguiente, el 1 de junio de 1972, era un día santo, el día del Corpus Christi. Marciño iba a cerrar el almacén para que pudiéramos ir a la procesión. Kildary y yo estábamos listos a su entera disposición. Fui a la tienda para decirle a mi esposo que era hora de cerrar la tienda. Cuando regresé a la casa, Marciño me llamó por mi nombre. Me di la vuelta. Sin embargo, la voz que escuché fue la del padre Jonathan y no la de Marciño.

Entré a la casa. Sin embargo, apenas cerré la puerta, Marciño, que escuchaba un programa en Rádio Guarani, salió a la calle y me llamó. Regresé al almacén.

– ¿Cómo se llamaba ese cura, tu amigo? - Me preguntó, apagando la radio.

– Padre Jonathan – respondí.

– Acaba de fallecer en una sala de urgencias de BH. Fue víctima de un accidente automovilístico en la Avenida Amazonina, su estado empeoró de ayer a hoy y falleció.

Describir aquí lo que sentí en ese momento es fácil y no será exacto. Solo sé que el nudo en mi garganta no pudo contener las lágrimas que eran tan dolorosas… Entré en la habitación y lloré amargamente. ¡Mariño que me perdone, porque necesitaba llorar! ¡Lloraba por el mejor amigo que he tenido! Llorando de añoranza, llorando de dolor por la pérdida, llorando de remordimiento, a pesar de no haber estado en contacto con él. ¡Oh! ¡Dios mío! ¿Por qué te lo llevaste? No vio mi casa... No conoció a mi hijo... Ni siquiera sabía si me casé o no...

El remordimiento me dolió mucho. Fui a la procesión y mis oraciones durante todo el camino fueron lágrimas, que nadie entendió...

El mayor dolor fue escuchar a la banda de música tocando cantos eucarísticos. ¡Al padre Jonathan le gustaban mucho estos movimientos populares de cantos, procesiones y bandas de música!

El tiempo pasó... El dolor de perder a seres queridos no muere... El tiempo solo demuestra que la vida continúa y que el llanto nunca hizo que un muerto regresara. Pero nunca había aceptado la muerte del padre Jonathan. Empecé a pedirle a Dios que se me apareciera, si realmente había un alma después de la muerte. Todas las noches oraba y permanecía en actitud comprometida, esperanzada, pensando que el padre Jonathan aparecería allí, cerca de mí, hablándome, escuchándome...

Nos quedamos en SN durante dos años.

Marciño, en 1973, compró una bodega de pan en la ciudad de Oliva y allí nos trasladamos. Alquilamos una pequeña casa en una buena calle, en el centro. Yo entonces asistía a la universidad en la ciudad de L. Hice Pedagogía. A pesar de no sentir mucha simpatía por el curso, sentí la necesidad de hacerlo, para algún día poder desempeñarme mejor en un rol en el campo educativo.

En 1974, el profesor de Psicología programó un trabajo de evaluación, sobre cualquier trabajo y cualquier tema, dentro de la Psicología. Fui a JS a visitar a mi familia y vi un libro marrón en una librería. Era *Parapsicología* – de R. Amadou. Lo compré para hacer mi trabajo.

Realmente disfruté el tema de parapsicología. Las experiencias de JB Rhine y Richet, el caso de las hermanas Fox, despertaron en mí un gran interés. A pesar de ser una persona profundamente espiritual, no fui más allá de eso. Solo trabajé en el colegio.

Seguí pidiendo al padre Jonathan que apareciera. Un par de veces soñé con él. Sueños sin importancia que incluso se han borrado de mi memoria.

En 1975 ya vivíamos en una calle más arriba, paralela a la que vivíamos antes. Fue ese año que tuvimos a nuestra hija Késsia.

Una noche, cuando Késsia era aun muy pequeña, soñé que Peri, el enorme perro de la vecina, forzaba la puerta desde nuestro dormitorio. Mi marido quería ir a la cocina, pero no podía, porque Peri estaba en la sala, cerca de la puerta del dormitorio. Finalmente, después de muchas dudas, Marciño logró ir a la cocina y abrir la puerta para que saliera el perro. Hubo momentos de mucho miedo, ya que Peri no quería salir de nuestra casa y cualquier amenaza sería peligrosa.

Un fuerte empujón en la puerta del dormitorio me hizo despertar temblando. Llamé a Marciño para que viera a quien empujaba la puerta del dormitorio. Él; sin embargo, dijo algo sin sentido y se volvió hacia la esquina, durmiendo.

Minutos después, Marciño se puso manos a la obra. Cuando abrió la puerta del dormitorio, saltó hacia atrás y la volvió a cerrar.

– ¡Ven a ver lo que hay aquí! - me dijo.

- ¡No quiero! ¡Yo no! - Respondí.

Marciño volvió a abrir la puerta y gritó:

– ¡Fuera, Peri!

Al oír este nombre, me levanté rápidamente. ¡No! ¡No puede ser!

¡Otro sueño significativo!

Marciño tomó el taburete y pasó, protegiéndose con él. Abrió la puerta de la cocina y llevó con cuidado a Peri al patio trasero. Más tarde supimos que el perro tenía miedo a los cohetes. El día anterior se había producido un incendio cerca de la casa y, como la puerta de la cocina estaba abierta, el animal, tras romper la valla de bambú del patio trasero, había entrado en nuestra casa, ocultándose en una pequeña habitación que nadie utilizaba.

En 1977 nació nuestra hija Keila. Nació después de ocho meses de embarazo. Estaba sana y gordita.

Si me detuviera a analizar mi vida, sentiría que estoy viendo un retroceso. En la ciudad de Oliva solo di clases en un colegio durante dos meses. Hubo tantos líos que Marciño decidió que yo no trabajaría fuera de casa. Había; sin embargo, un espacio para mí en la Gaceta local. Siempre publiqué mis poemas y mis crónicas. Tenía un buen círculo de amigos, pero en realidad siempre faltaba algo que ni siquiera sabía qué.

En agosto de 1979 me inscribí en el Concurso IPSEMG.

En el momento de la prueba, le pedí al alma del padre Jonathan que me ayudara, que me iluminara. Quería ir a trabajar. Ya no podía soportar estar confinada en casa. No fui criada para los limitados. Era necesario que algo cambiara en mi vida, no sabía qué ni cómo...

Unos meses más tarde, los resultados del concurso fueron publicados en Minas Gerais. Nuestro vecino me mostró el periódico. Obtuve el primer lugar. ¡Me quedé muy feliz! Felicidad que pronto desapareció. Estaba embarazada. ¿Cómo trabajar con otro niño pequeño?

Ordené que se celebrara una misa por el alma del padre Jonathan. Fui a misa. Hacía mucho tiempo que había abandonado las prácticas religiosas. Ni siquiera sabía realmente el motivo de esta actitud. Siempre encontré maravillosa la filosofía cristiana, pero la Iglesia católica no satisfizo mi sed de espiritualidad. Leí sobre otras sectas. No me gustó. Fui dejando, así, simplemente con mi fe en Dios, con mis oraciones nocturnas que, tal vez, eran más costumbre que piedad. Mi noción de infinito y de espiritualidad; sin embargo, era aguda... Un recuerdo extraño, de vez en cuando, torturaba mi espíritu. Este recuerdo me bastó para encerrarme en mí misma y pasar varios días en un ambiente de introspección y en momentos de angustia: era un campo de maíz iluminado por la Luna y con hojas plateadas por los rayos de la Luna. Entonces apareció un bosque encantador. Hermosos caballos de carreras y perros de caza. Un edificio enorme y mal enfocado, una nobleza inexplicable y un hombre muy blanco y extraño que me atormentaba. Cuando apareció el recuerdo de este hombre blanco, sin claridad, extraña presencia, sentí asco, miedo, vergüenza, atracción y sumisión... No sé cómo explicarlo... Fue el punto de mi crisis que requirió el mayor esfuerzo de mi parte.

Empecé a aceptar esos recuerdos como cosas inmanentes en mí, cosas de mi yo interior. Desde que era niña esto había sucedido. Son cosas que realmente no me pasaron a mí, estoy absolutamente segura. Recuerdo muy bien cosas que me pasaron desde pequeña. Cosas así son parte de mi vida, que cualquiera sabe. Mis "crisis"; sin embargo, no las experimenté yo, ya que nací, en la ciudad de SN. No los viví yo en NP, ni en JS ni en Oliva... Es un estado de ánimo... inexplicable...

Las noches de Luna trajeron más confusión a mi alma. Un sentimiento de haber sido noble y de haber vivido en otro lugar. Una necesidad insoportable de recordar exactamente y no poder hacerlo.

Marciño estaba indignado por mi embarazo.

La agencia IPSEMG sería inaugurada en mayo de 1980, precisamente en el mes de su nacimiento. Solicitamos un reemplazo para mí cuando comenzaron los trabajos. No fue posible. O me hacía cargo o cedía el puesto al segundo puesto. Y eso es lo que pasó. No pude trabajar en la agencia IPSEMG.

A las veinticuatro horas del veinticinco de mayo de 1980 nació mi hijo Kilden Alexandre. Nació de forma natural, sin mucho sufrimiento para mí. Lo pasé bien. No había necesidad de esos puntos desagradables. Fue el nacimiento más feliz de mi vida. Kilden era flaco, muy flaco. Sus manos siempre estaban frías. Por eso, siempre lo colocaban en un rincón de mi cama, para que yo pudiera sostener y calentar sus manitas.

Vivíamos, entonces, en un chalet pequeño que había comprado Marciño, en un barrio nuevo, de casas elegantes.

Éramos felices. Kildary, de ocho años, era un niño inteligente y de buen comportamiento. Era nuestro orgullo. Los profesores dijeron que era maduro y responsable. ¡Un hombrecito!

Késsia ya estaba en el jardín de infancia y se estaba desarrollando muy bien. Keila todavía tenía tres años. Fue linda. Muy llevadera. Kilden, el pequeño, estaba bien y dormía bien. Sin embargo, de vez en cuando, durante el sueño, su respiración se hacía rápida y dificultosa, llegando incluso a emitir un ruido fuerte. "Estás soñando…" pensé. Y cambió de posición. Desde el momento del nacimiento de Kilden, hubo una transformación inexplicable en nuestro hogar. Una noche, a las nueve de la noche, estaba amamantando al bebé, sentada en la cama. Había una pequeña mesita de noche en un rincón, entre la cama y la pared. En la habitación de al lado los niños ya dormían. Me quedé en silencio, observando el rostro de Kilden mientras amamantaba con los ojos cerrados.

De repente, escuché varios golpes en la pequeña mesa de noche, que estaba a un pie de mí. Aterrada, levanté las piernas sobre la cama y comencé a gritar llamando a Kildary; el pobre chico vino corriendo. Le pregunté si había oído algo y me dijo que escuchó fuertes golpes en mi habitación. Temblando, acosté al bebé y me levanté. Me temblaban las piernas. Le pregunté a Kildary si tendría el valor de ir a la cocina y traerme un vaso de agua.

– Sí, lo haré, mamá.

Justo cuando Kildary salía de la habitación, escuchamos muchos pasos de gente que venía corriendo de la cocina. Un ruido fuerte, como si estas personas hubieran golpeado sus manos contra el frigorífico, que estaba en la despensa, justo delante de la puerta de nuestro dormitorio. Kildary gritó, alejándose y cayendo en una silla. El ruido continuó hacia la puerta de mi dormitorio, luego giró hacia el baño, donde se detuvo.

Sentí que había varias personas, algunas aferradas unas a otras, como si estuvieran jugando a los trenes. Los pasos eran de varias personas corriendo y saltando.

Kildary se negó a hacer comentarios. Ni yo. Ambos fuimos, abrazados y temblando, a la otra habitación, recogimos a las niñas y las colocamos en mi cama. Él también se quedó en mi cama y nos quedamos así, con la puerta del dormitorio cerrada, hasta que llegó Marciño.

Sucedían muchos ruidos y cosas inexplicables. Una noche, a medianoche, Marciño y yo estábamos en la cocina, tomando café y hablando. Los fines de semana llegaba tarde a casa del trabajo. Era un sábado. La casa estaba toda limpia y tranquila. Los niños dormían. De repente escuchamos fuertes golpes en la despensa, muy cerca de la cocina.

En la despensa había un frigorífico, una mesa con sillas, un pequeño armario y un "corralito" para el bebé. Esto estaba en un rincón, muy cerca de la cocina.

En el momento en que escuché el ruido, salté y me senté en el regazo de Marciño. De nuevo el ruido se hizo más fuerte, más claro. Marciño también lo había oído. El ruido, la primera vez, parecía proceder de cerca de la mercería. La segunda vez, sin duda, había venido del parque de madera. Fuimos a la copa. Nada. Todo en silencio y en los lugares correctos…Otra noche, a las nueve, ya estábamos en la cama. Solo Marciño seguía trabajando. Escuché el sonido de tacones altos fuera de la ventana de mi habitación. Había una rampa que conducía al porche, justo debajo de la ventana del dormitorio.

Esperé, con la cabeza en alto, a que alguien llamara o aplaudiera en la puerta.

No llamaron. Ni siquiera tocaron. Los pasos de tacones continuaron dentro de mi habitación, desde la cómoda hasta el costado de la cuna de Kilden. Me cubrí la cabeza, muerta de miedo. Grité llamando a Kildary, que pronto apareció. De nuevo puse a todos en mi cama y cerré la puerta del dormitorio hasta que llegó Marciño.

Unos días más tarde, a las nueve, mientras yo estaba acostada y Kilden dormía, de repente vi una figura clara cerca de la cuna. Solo una figura, que luego desapareció...

Una vez nos acostamos mucho más temprano de lo habitual. Y como estaba cansada, pronto me quedé dormida. Me desperté escuchando el ruido del coche de Marciño, que venía por nuestra calle y entraba en el garaje. Mi marido cerró de golpe la puerta del coche, cerró el portón y subió la rampa del porche, haciendo ruido con las llaves al golpear la jarra de café. Luego, como de costumbre, oí el clic de la llave en la cerradura. También escuché a Marciño golpear con la llave en la puerta, ya que la otra llave se había quedado adentro. Me levanté corriendo, abrí la puerta, en realidad la llave estaba dentro, diciéndole a mi marido que tenía tanto sueño que no me había acordado de sacar la llave de la puerta... En ese momento vi que el porche estaba vacío, que la puerta del garaje estaba abierta y que no estaban ni nuestro coche ni Marciño... Corrí dentro, asustada y cerré la puerta. Miré el reloj, que marcaba nueve horas y diez minutos...

Saqué la llave de la cerradura y me dirigí a mi habitación, sin entender más este suceso...

El mayor sueño de Marciño era renovar esa casa. El terreno era grande y quería construir más para alquilar.

Renovamos la casa. ¡Se veía completamente nueva, hermosa! Era grande y cómoda. En mi corazón; sin embargo, todo eso no tenía importancia para mí. El vacío que sentí, de vez en cuando, y también esos extraños fenómenos de escuchar ruidos... Todo se volvía cada vez más abrumador...

Los ruidos que, durante mis noches de insomnio, escuché, en el lejano y nostálgico lugar de M, en mi infancia, fueron descritos, por mis padres, como si fueran miedo... cosas de niños que no duermen....solo impresiones...

¿Y ahora? Ya no era una niña... Los ruidos continuaban... Mis hijos los oían... Mi marido una vez también lo escuchó... Mi casa no está embrujada... Dondequiera que estoy hay ruidos... Yo no soy psíquica; sin embargo, siento algo extraño dentro de mí... Me temo que estoy loca...

En octubre de 1981 nació nuestra hija Kristine. Kilden tenía un año y cinco meses. Como todavía era muy pequeño y Kristine era una niña tranquila, nuestra atención hacia el niño aumentó.

A partir de los dos años empezó a suceder algo que al principio no me llamó la atención: Kilden gritaba, nervioso, que él era Alexandre, que no era Kilden.

– ¡No soy Kilden, tonta! ¡Soy Alexandre!

En realidad, nada de eso importaba, porque se llamaba Kilden Alexandre. ¿Cuál sería el problema si prefiriera el segundo nombre?

Otras veces gritaba:

– ¡No soy Kilden, tonta! ¡Yo soy el padre! ¡Soy Alexandre!

- ¡Oh! ¿¡Vas a ser sacerdote!? - Dijimos.

- ¡No! ¡No voy a ser sacerdote, no! ¡Yo soy el padre!

No significó nada para mí. Era solo el punto de vista del chico. Estaba demasiado inmersa en el indiferentismo ante la vida, en la rebelión, en la frustración por el hecho que yo, Marina Waterloo, merecía un lugar destacado en algún sector cultural de esa ciudad, o incluso del Estado...

Los gritos y zumbidos de Kilden solo demostraban que era un niño agitado y que incluso hacia su madre era agresivo, pues cuántas veces me dijo malas palabras, que nadie en casa usaba, solo para explicarme que él era el "padre."

A pesar de ya no ser católica y asistir a misas, comuniones y procesiones, tampoco me había adherido a otras sectas. Mucho menos pensó siquiera en admitir como cierta alguna noción sobre la idea del Espiritismo. Nunca había estudiado Espiritismo. Pensé que lo que sabía era suficiente para emitir un juicio. ¿Y qué sabía yo? Sabía erróneamente lo que mucha gente sabe: el Espiritismo es una secta del diablo; es algo que hacen los ignorantes y acaba volviendo loca a la persona que se ve sometida a ello. Eso es más o menos lo que pensé.

Sin embargo, con una variante: la filosofía católica, en mi opinión, casi no tenía nada de cristiano. Por eso me sentía cristiana y no católica. Fue lamentable para mí y para las personas que me conocieron cuando estaba en la escuela, que ya no fuera católico practicante.

Nunca se me pasaría por la cabeza que había un significado espiritualista, un significado reencarnacionista en las palabras de mi hijo Kilden Alexandre. Se propuso dejar claro, con sus ataques de exaltación, que no "iba" a ser sacerdote, él "era" el sacerdote.

Una tarde, fui víctima de dos cosas extrañas: Le pedí a Kildary que fuera al bar de un familiar de mi marido, para comprar algo, que ya no sé... Mientras Kildary se iba, yo llevé a Kilden para tomar una ducha.

Era el umbral de 1983. Un año prometedor para mí, ya que por mi cabeza pasaba un intenso deseo de escribir algo que tuviera un carácter espiritual y artístico.

Fue así que por unos días me puse en modo retrospectivo y escribí *Sinfonía de Oraciones*. Fue verdaderamente un año de profundas "revelaciones" para mí.

Así que volvamos al baño de Kilden. Lo envolví en la toalla y lo llevé al dormitorio para vestirlo. Al entrar a la habitación le pregunté:

– ¿De dónde sacó mamá este cariño? ¿Dónde?

Siempre he tenido la costumbre de jugar así con los niños. Siempre respondieron que los arreglé en el hospital. Keila, que siempre era más juguetona, respondió que "fue en casa del conde..."

La respuesta de Kilden; sin embargo, me dejó en el mundo de la Luna. Con los ojos muy abiertos, muy serio, el niño me dijo:

- ¿Lo sabes? Iba en moto. Entonces vino un camión y chocó contra mi motocicleta. Caí con la cabeza en el suelo y morí. ¡Fui muy profundo y luego encontraste otro yo...!

Aterrado por esa respuesta, le pregunté:

– ¿Cuándo, hijo mío, pasó algo así?

– ¡Cuando era sacerdote! Mi moto se cayó al suelo y yo me fui al fondo, al hoyo... ¡y encontraste otro yo!

– ¿Y el camión?

– El camión se fue...

Lo dejé en la cama, medio desnudo y fui a la otra habitación a escribir lo que había dicho. Esa respuesta enfriaría a cualquier escéptico. Era necesario escribirlo.

Recordé los gritos de Kilden cuando lo llamaban por su nombre... Recordé que siempre decía que era el padre... También recordé el primero de junio de 1972, cuando Rádio Inconfidencia anunció la muerte del padre Jonathan, mi mayor amigo... Accidente en Avenida Amazonina. ¡Dios mío, mi cabeza daba vueltas...!

Me quedé sentada en la habitación, atónita. Fue solo en ese momento que me di cuenta que Kildary aun no había regresado del bar. Lo vi cubierto de tierra, con las manos sangrando y la cara magullada. Pensé que podría haberse caído y lastimarse. En mi cabeza se alternaban las imágenes: Kilden, el pequeño, contando su historia, el accidente del padre Jonathan y, finalmente, Kildary herido...

Imagínese mi sorpresa cuando Kildary abrió la puerta y entró todo magullado, tal como me había sentido yo minutos antes.

Impresionada conmigo misma, ni siquiera pregunté qué había pasado. Le quité la chaqueta y le puse medicamento en los rasguños, que afortunadamente fueron leves. Kildary había subido a un terraplén, tropezó y cayó.

A los pocos días busqué al señor Jota Bueno, un espiritista, que era amigo de mi marido. El señor Jota no estaba en casa. Estaba en una reunión en la casa del señor JS Pereira. El señor JS Pereira fue anteriormente líder del Movimiento de Familias Cristianas, preparó reuniones conyugales para la Diócesis, cursos para recién casados, etc... Siempre viajaba con el señor obispo y era un gran amigo suyo.

Una vez, el señor Pereira enfermó y, como los médicos no pudieron curarlo, decidió asistir a unas reuniones en el Centro Espírita, donde se curó. Después de una larga reflexión, el Sr. Pereira se dirigió al Sr. Obispo, don Claudio, su amigo, y le informó que a partir de ese momento sería un espiritista practicante, tal como lo había sido en el catolicismo. Sin embargo, no quería perder la amistad de don Cláudio.

El señor Jota Bueno y el señor J. S. Pereira estaban hablando de Espiritismo cuando llegué a su casa.

Pronto me instalé entre ellos, en una habitación grande y cómoda. Hablaron del sincretismo religioso en Bahía.

Mi problema quedó expuesto a ambos, ya que ambos eran amigos.

El señor Jota Bueno escuchó mi narración con naturalidad. Ya era un viejo partidario del Espiritismo. ¡El señor Pereira quedó asombrado!

– Cuida a tu muchacho, de ahora en adelante – me dijo el señor Bueno –. Verás que seguramente tendrá mucho en común con el "difunto" padre Jonathan. Quizás vino a hacer por ustedes lo que no pudo hacer cuando encarnó como sacerdote. Ciertamente ni siquiera será sacerdote en esta encarnación. Depende de ti ser su guía por el camino del bien. Algo quedó sin hacer en el pasado y ahora, como madre e hijo, tienen un compromiso... No es de extrañar. Todo es muy natural. La reencarnación es muy natural. Con el tiempo descubrirás cosas, pero no entres en pánico. Observa y trata siempre de ayudar.

En cuanto a los ruidos – prosiguió –, son espíritus designados, por un plan superior, para alertaros sobre la existencia de un mundo espiritual y prepararlos para la nueva revelación, que es la reencarnación de tu amigo el cura, en tu hijo Kilden. También podría ser que los amigos del padre Jonathan aun no lo hayan dejado definitivamente, provocando ruido en tu casa tras el nacimiento de tu hijo.

El hecho, querida Marina, es que Dios, a través de los espíritus, quiere hacerte consciente de una misión que estás buscando y aun no has encontrado. Depende de ti guiar tu rumbo a partir de ahora.

Salí de la residencia del Sr. Pereira sintiéndome ligera y animada. De repente, una duda atroz se apoderó de mí: ¿Y si venía a vengarse? ¿Si mi amistad fue motivo de algún pensamiento equivocado para él, si mi matrimonio fue motivo de enojo?

¿Causaría el padre Jonathan, ahora como Kilden, discordia en mi vida, Dios mío?

La semana siguiente comencé a asistir a reuniones en un Centro Espírita. Me sentí muy bien allí. Había una buena Biblioteca y me lancé con avidez a los libros, más por curiosidad que para instruirme y tomar posturas interiores que me acercaran a la vida espiritual. El deseo de descubrimientos y conclusiones siempre ha estado presente en mi vida. Las ganas de cuestionar y ser consciente de lo que hago son fuertes en mí. El término medio, la mediocridad, no fueron hechos para mí. Entonces necesitaba profundizar más. Las pocas personas que respondieron a mis preguntas nunca me satisficieron del todo y, siempre estuve en esas ganas desmesuradas de leer, de oír, de sentir cosas del otro mundo. Miré a la esposa del señor Pereira, con un lápiz sobre papel, intentando hacer psicografía, durante semanas enteras... Intenté concentrarme y pasar por algo diferente, pero no pasó nada... Una vez el señor Jota Bueno me preguntó:

– ¿Sentiste algo, Marina?

- No señor. ¡Nada!

– Mira, sentí un paisaje muy claro cerca de ti. Parecía una noche de Luna. Y el lugar era Viena... No sé cómo explicar lo que pasó... no estaba claro... - dijo el señor Jota.

Antes; sin embargo, que ocurrieran estos fenómenos sobre Kilden Alexandre, antes de todo lo que he narrado anteriormente, estábamos una vez en BH, en pleno día, en nuestro coche. La radio estaba encendida y nos dirigimos hacia el centro de la ciudad. Mi esposo estaba hablando con su sobrino Saulo, quien conducía el auto para nosotros.

En la secuencia musical de esa radio, una canción me trajo un profundo alejamiento de ese concurrido lugar de BH. Me sentí como si estuviera en un lugar que ya me era familiar. La luz de la Luna plateando las hojas... Dentro de una encantadora avenida...

Yo y hermosos caballos, con perros de caza. La luz de la Luna me embelesó... Solo sentí este fenómeno y escuché la música en la radio, como si saliera de en medio de esa arboleda plateada hecha por la Luna... Alguien, mal enfocado, pero que estaba extremadamente blanca, me intimidaba... Mi esfuerzo por aclarar aquellas imágenes fue tortuoso.

La música se había detenido. Sentí el gran BH con sus coches, su gente y su bullicioso comercio. Marciño conversaba animadamente con Saulo.

Unos años más tarde se celebró una feria de discos en la Plaza Central de Oliva. Marciño, al no poder asistir, pidió a un amigo que nos comprara dos álbumes de su elección. Por la tarde, Marciño fue a cenar y me llevó los discos. Uno era *The Royal Banc* y el otro, *Los grandes valses de Viena*. En un momento, cuando escuché una de las canciones, me detuve asombrada. Tuve la misma sensación que antes, en BH. Era la canción que había oído en la radio del coche. Miré la portada del álbum: *Tale of the Vienna Woods*...

Con el paso del tiempo, noté que las crisis de "angustia" que Kilden sentía durante el sueño coincidían con el momento en que pedía que el "alma" de Alexandre se apareciera ante mí. Ahora consciente del fenómeno, detuve la invocación.

Una tarde estaba en una habitación con los niños, preparando las maletas para un viaje que íbamos a realizar.

Al sacar varios papeles de una maleta grande, se cayó una postal en blanco y negro, que estaba tan escondida que ya me había olvidado de ella. Kildary y Kilden tomaron la foto. Entonces Kilden dijo, sentándose en el suelo:

- ¡Miren! ¡Aquí estaba yo y abajo estaba mi madre!

La foto era del Bairro dos Coqueirais, en NP, donde estudié y conocí al padre Jonathan, en 1968.

Kilden señaló el colegio de los sacerdotes – al que yo había apodado "el edificio en la colina" –, y el colegio de las Hermanas, donde yo era interna. Curiosa le pregunté qué hacía en esa "mansión."

– ¡Jugaba a la pelota con muchos chicos, tonta! ¡Estás cansado de saberlo!

– ¿Cuándo jugaste a la pelota con los chicos? - Le pregunté.

– Cuando era sacerdote, ¡guau! – respondió Kilden gritando con impaciencia.

Kildary me miró riendo, sin saber por qué parecía sorprendido.

Kilden Alexandre, arrodillado y sentado sobre sus talones, con la cabeza gacha, seguía contemplando la postal, como si ya no estuviéramos presentes. De vez en cuando, el niño se aislaba en meditación, con el chupete en la boca y la punta de la almohada en la nariz. A pesar de estar apasionado y muy vivo, tuvo momentos como este.

Tomé la foto, leyendo, sorprendida, lo que estaba escrito en el reverso, con la letra del padre Jonathan.

"Marina, ¡cuántos recuerdos me trae esta foto! Recuerdos que serán siempre imborrables para ti y para Alexandre."

El dolor de extrañar al p. Jonathan se confundía con aquella pesadilla provocada por un niño tan pequeño, que afirmaba con tanta seguridad que era Alexandre, el padre...

El barrio de Coqueirais fue verdaderamente el escenario de un gran acto de la misteriosa obra de mi vida... Un día, si la historia de Alexandre se hace pública, la foto de este barrio seguramente ocupará mucho espacio.

En otra ocasión, Marciño nos compró un disco del cantante Paulo Sérgio. Cuando escuchamos la primera canción, *Última*

Canción, noté que Kilden, inclinado sobre su bracito, lloraba en el sofá.

– ¿Que pasó? ¿Por qué estás llorando? – Le pregunté.

– Me siento triste, por la música – respondió.

– ¿Por qué estar triste si ni siquiera te sabes la canción?

– ¡Claro que la conozco! ¡Soy Alexandre! - Gritó.

Fue así, sufriendo mucho, leyendo y tratando de confirmar lo que estaba pasando, que decidí pedir a los sacerdotes del Liceo de BH, donde el padre Jonathan pasó los últimos años de su vida, la biografía del hombre que, en cierto modo, trastornó un período de mi juventud y, ahora, seguramente volviera para perturbar o enriquecer nuestro camino...

Aunque demostraron buena voluntad, los padres del Liceo no se apresuraron a facilitar la biografía, que transcribo aquí.

"INSPECTORIA S J B – MINAS – BRASIL

AC. – Minas Gerais – BH – Minas

17/08/1924 1/06/1972

Padre Jonathan

Una vez más tengo la dolorosa tarea de escribir la carta de muerte de uno de nuestros hermanos sacerdotes. "Esta vez de manera más significativa, porque Dios me dio la envidiable fortuna de ser uno de aquellos con quienes colaboré para poder cumplir su desideratum."

Sus padres eran AM y ABM. Eran agricultores, buenos cristianos y muy religiosos. Tuvieron tres hijos: AMF (único superviviente), IRM y el menor, Jonathan.

Su maestra, Doña A. Naves, quien tenía un hijo en nuestro Gimnasio DH del cual yo era Director, me dijo:

"Tengo un estudiante que termina el cuarto año, huérfano, muy bueno y que quiere ser sacerdote, pero es pobre y no puede pagar la cuota anual del seminario. Aquí ya acogí a algunos que tenían este ideal, con una

tarifa reducida. pensión. Allí permaneció un año en observación, hasta que, viendo en él una firme vocación, lo envié a nuestro Seminario, que entonces estaba en L (SP). Allí terminó el tercer año de bachillerato, completó el cuarto año en L y entró en el noviciado, en Pinda, en 1946. Allí completó su primer trienio.

Hizo dos años de Filosofía en L y otro en JS en el Colégio SJ. En 1949 fue enviado a la Esc. Pe. Sac, en JS. Después de terminar su pasantía, que duró tres años, emitió los votos perpetuos en 1956. En su currículum vitae ni siquiera obtuvo un voto negativo, lo que es un gran mérito para él. Con motivo de su primera misa cantada, la ciudad le brindó una gran celebración, en la que tuve el honor de predicar, siendo él el primer sacerdote S, hijo de AC.

Estaba destinado a nuestra incipiente obra: el Instituto S. de Educación y Asistencia, como vicepárroco, en uno de los grandes barrios populares, en... SR. Era el lugar en el que la Divina Providencia lo colocó: era el hombre correcto en el lugar correcto; es decir, 'The right man in the right place', como dicen los ingleses.

Doy aquí la palabra a su director desde hace nueve años, el P. Clec, habiendo conocido ya allí al P. Jonathan, que estuvo allí durante diez años: 'Lo que caracterizó la vida del P. Jonathan fue: el desprendimiento de uno mismo y la entrega de la propia persona a los demás... Resuelve los problemas más intrincados con esa proverbial gentileza y gesto de Minas Gerais. A veces intransigente, especialmente en cuestiones de moda inapropiada, no perdonaba los errores.

No rehuía lo que no estaba bien. Fue exhaustivo: pocos y buenos, dejando al cliente con la cara en blanco. Viví con el padre Jonathan durante nueve años; por increíble que parezca, nunca discutimos ni tuvimos diferencias en nuestras relaciones fraternales. La armonía y la comprensión, hicieron que los dos guiaran una vida de trabajo, sacrificios, dedicación, cuyos logros están aquí: una obra verdaderamente S..., como la encontraron tantos Superiores de Turín, que nos visitaron.

El padre Jonathan era humilde... humilde... humilde. Obediente, obediente, obediente, Vir humilis et obediens. Nunca exigió nada, nunca pidió nada, nunca se quejó de comida, vivienda o ropa. En ese momento fue extraordinario.

Sufrió calumnias. Nunca se quejó públicamente, siempre guardó en su interior la incomprensión de algunas personas. Era incapaz de enojarse, vengarse, incluso murmurar, con nadie. Nunca he oído salir de tu boca una palabra menos delicada. Cuando la obediencia lo envió a NP, su partida fue un triunfo, como atestiguan las fotografías. El MR vigente presentó una moción para despedir al padre Jonathan; repito nuevamente, su característica era la humildad.

"La humildad con la obediencia quita montañas." No fue entre bastidores que el padre Jonathan fue considerado, también en la Asamblea, a través del diputado P.F., que lo exaltó, con un panegírico en la Cámara. Estas son sus palabras: "Sr. Presidente, señoras y señores, hoy ocupo a la tribuna de esta Cámara para comunicar, con profundo pesar, el fallecimiento del padre Jonathan. El padre Jonathan, junto con el padre Clec, el Dr. OG y otras personas desinteresadas, construyeron esa monumental construcción que es la Iglesia de Santa B. También el padre Jonathan, junto con sus compañeros, especialmente el Dr. O, construyó uno de los mejores Gimnasios del suburbio norte, que funciona junto a la Iglesia de Santa..., que, pese a ser nueva, ya alberga a 600 alumnos. También se construyó una plaza deportiva con los juegos más modernos. Todo esto se debe sin duda al esfuerzo de este incansable padre Jonathan, que dedicó toda su vida a la comunidad de los pobres. Su principal objetivo era contribuir a aliviar los problemas sociales que aquejan a las clases más pobres.

Yo que disfruté de la amistad del padre Jonathan, yo que seguí su lucha diaria, en favor del interés de esa comunidad, puedo, Señor Presidente y Señorías, hablar con confianza y tranquilidad sobre el talento de ese hombre, el valor de su dedicación para la interés común. MR, Señor Presidente, ha perdido, sin duda, una de sus mayores expresiones y el clero y las obras S. uno de sus principales pilares.

Intentamos posponer el entierro, pero no fue posible. Quiero presentar un proyecto de ley a su debido tiempo, nombrando un lugar público en honor al padre Jonathan. Es un homenaje que podemos rendir, porque el padre Jonathan lo merece, por los relevantes servicios prestados al pueblo y en particular al MR. Gracias, señor presidente.

En NP, donde estaba destinado como profesor y asistente del pueblo, iba los domingos al Bairro de F, antes Morro do S; daba servicio a la Usina Anflo, a pocos kilómetros del Bairro dos Coqueirais. Siempre demostró su predilección por los pobres.

Aquí en BH, donde llegó en 1970, su campo era más amplio. Fue capellán del Cementerio de PC, subordinado al Bairro NC, del que estaba a cargo, también en VA, al que se dedicó en alma y cuerpo. Se puso a construir la Iglesia de NC y obtuvo, a través de pedidos de empresas, armazones de hierro de Belgo-Mineira y cemento de Fábrica Itaú. Tengo ladrillos, volquetes, etc. pavimentar las calles, terraplenes. Allí está la Iglesia, solo faltan las obras finales. Desarrolló múltiples actividades. Distribuyó cientos de mantas a los pobres y organizó alojamiento para los desempleados. Amigo de los locutores, especialmente de G y yo. Le pedía noticias sobre el Colegio y enseguida me las daba. Fue Coordinador Arquidiocesano de la Campaña de Alfabetización de Adultos, utilizando el Método SDB.

El 30 de mayo acudió al Ayuntamiento para lograr alguna mejora para los barrios, en la Av. Amazonina fue atropellado por un camión, su Vespa se salió de control y chocó con un Volkswagen que estaba esperando para cruzar el semáforo, al caer de cabeza sobre el asfalto, se fracturó el cráneo. Fue llevado a Emergencias. Una vez notificado el Colegio, el padre D. acudió inmediatamente; casualmente el médico de turno era el hijo de su profesor, quien me había pedido un lugar en NP, era el Dr. JN. El padre director quiso llevarlo al hospital, pero los médicos dijeron que moriría en el camino. Allí permaneció en coma hasta la mañana del primer día, día del Corpus Christi, cuando falleció. Fue llevado al Colegio, permaneciendo hasta las tres, cuando la Misa fue celebrada con el cuerpo presente por quince sacerdotes. Al final de la Misa nos asistieron O J y DS y todo el clero. *Como se dirigían a la Procesión, no pudieron asistir al entierro. Después de la Misa, el cuerpo fue trasladado al cementerio de PC, pasando primero por la Iglesia de NC que iba a ser bendecida el día once. Desde la Iglesia, la gente quería llevarlo de la mano al PC, donde todos querían verlo; era una multitud real, estimada en ocho mil personas. Lo saludó su colega el padre TG. La Misa del séptimo día fue celebrada por don S. con seis sacerdotes. Dijo algunas palabras de alabanza al humilde sacerdote, cuyo celo llevó a aquella multitud hasta allí.*

El día once, cuando se suponía que la Iglesia sería bendecida, don J. celebró la Santa Misa, con ocho sacerdotes, diciéndole a la gente que ese homenaje simbolizaba la dedicación del padre Jonathan a la gente de NC y V.

Queridos hermanos, qué impresionante es para nosotros, en estos tiempos calamitosos de deserción de tantos de nuestros colegas en el sacerdocio, ver esta apoteosis como una afirmación del sacerdote fiel a su misión.

Roguemos a Dios que el Padre Jonathan, allá en el cielo, nos ayude a reunir a muchos jóvenes para unirse a las filas de la gloriosa milicia de Cristo.

Una oración por este hermano octogenario, que ya terminó su carrera y espera un pequeño lugar en su gloria de la Infinita Misericordia de Dios.

BH, 15 de junio de 1972

Padre Allanco."

Aquí está la biografía que recibí.

El padre Jonathan estaba en estado de coma cuando en 1972, a las nueve, en mi cocina, en SN escuché su voz llamándome. Estaba en estado de coma, esa misma noche, cuando soñé que extendía sus manos inconmensurablemente, tratando de llevarme a un lado mejor, donde los lirios esparcían aromas indescriptibles... Kilden

Alexandre contó exactamente cómo ocurrió el accidente, cambiando solo la avispa en la moto...

Ahora puedo concluir que no en vano, en 1969, Jonathan estaba en SN, para ayudar durante la Semana Santa. No en vano quiso conocer a Marciño y no en vano buscó mi vida en aquel miserable barrio de JS.

Aquí transcribo un extracto de "OG" del 27/07/69:

"El Padre T... aprende a leer para llevar una vida mejor.

(...) Las clases son impartidas por dos profesores familiarizados con el método, cuya aplicación, en esta Capital, es coordinada por otro sacerdote, el padre Jonathan. Cada noche los tres suben al cerro durante dos horas para pasar tiempo con esa gente sencilla, que siente que, con su educación, renacen nuevas perspectivas de vida y de trabajo.

El padre Jonathan informó a 'OG' que el curso es más intuitivo que deductivo y se basa en cifras que facilitan el aprendizaje rápido.

El padre Jonathan dijo que el curso de alfabetización de los padres S refleja el compromiso de dar aplicación práctica a la lección del Papa Pablo VI, para quienes 'saben leer y escribir, adquieren una formación profesional, es ganar confianza en sí mismos y descubrir que Puede avanzar como los demás.

Cuando terminó, el padre Jonathan dirigió, a través de 'OG' el siguiente llamamiento a la opinión pública:

"Esperamos que todos los medios de información y propaganda, especialmente la prensa, la radio y la televisión, las autoridades y todos aquellos que puedan colaborar con nosotros sigan a nuestro lado, para que podamos elevar el nivel de nuestro hermano, haciéndolo útil para la sociedad, el país y Dios. Solo así podremos afirmar que somos auténticos cristianos y verdaderos patriotas."

Cuarta parte

Los años pasaron...

En 1985, Marciño realizó su viejo sueño. Vendió todo lo que había adquirido en la ciudad de Oliva, para poder irnos a vivir a J.S. A Marciño siempre le gustó J.S.

Aunque llegamos a J.S. en una buena situación financiera, pronto nos encontramos en problemas. Fueron sido tiempos de pruebas difíciles para nosotros... Pero solo tuvimos pérdidas materiales, porque en el campo espiritual solo hemos ganado. Maduramos, entendimos mejor el valor de todo lo que sucede y supimos mostrar a nuestros hijos los verdaderos valores de la vida. En Oliva nuestra vida era demasiado cómoda y egoísta.

En 1986 nació nuestra hija menor, Kléria. Kilden Alexandre, desde pequeño, parecía más inquieto que los demás.

Con el paso del tiempo sucedieron dos cosas:

1. Kilden ya no gritaba que era Alexandre o el sacerdote y ya no recordaba las cosas que decía sobre ellos.
2. Él y Marciño no se llevan bien. Desde muy pequeño termina siendo golpeado por su padre, quien se lanza sobre él enojado diciéndole que terminará matándolo. Yo reconozco que Marciño, a veces, hace enormes esfuerzos por vivir en paz con Kilden. Lo lleva al campo, a todos lados, los fines de semana, le habla amigablemente, le da consejos. Kilden promete portarse bien durante la semana... De repente, todo cambia, desde el más mínimo error que comete el niño en la lectura, hasta el altercado que tiene con sus hermanas,

Marciño toma el cinturón y lo golpea mucho, le tira de la oreja o le da puñetazos en la cabeza.

Sufro mucho viendo sufrir a mi hijo. Algunos días acaba en un desacuerdo total: Marciño, Kilden y yo.

Otra cosa que tampoco entiendo: si el niño realmente es el p. Jonathan, ¿por qué tarda tanto en aprender a leer, si el p. Jonathan enseñó a leer y escribir a miles de personas?

A Kilden le encanta jugar al fútbol y, como dice su padre, "es bueno con el balón." Esta actividad coincide con la del padre, que tenía veintidós equipos de fútbol masculino y siempre estaba entre ellos, jugando a la pelota.

El padre Jonathan se hizo amigo de todos, negros, blancos, pobres, ricos, hombres, mujeres y niños. Mi hijo también es así. Se adapta fácilmente, empieza a jugar y, cada vez que salimos a la calle, siempre hay alguien que lo saluda.

Nosotros siempre estamos juntos. Los domingos es el primero en levantarse para ir al Catecismo Parroquial y a Misa. A pesar de esto, él también irá conmigo al Centro Espírita.

En casa todos van a misa menos yo.

Kilden dice que va a pilotear un avión cuando sea mayor. A él le gustan las cosas peligrosas y eso me asusta. A diferencia de Kildary, que ha estado más asentado desde que era pequeño, Kilden nunca para. Hablando de Kildary, ahora está en su primer año de Filosofía en el Seminario JF. Es muy responsable y estudioso. Hasta el momento, su deseo es convertirse en sacerdote. Pero Kilden, al menos hasta ahora, no ha mostrado ninguna inclinación bien definida, ni siquiera hacia el sacerdocio.

✷ ✷ ✷

Aquí finaliza el informe de Doña Marina Waterloo, cuyo contenido nos ha parecido interesante incluir, íntegramente, en esta monografía.

A partir de ahora analizaremos el presente caso, desde un punto de vista parapsicológico, con el fin de medir el valor de su contenido como evidencia en apoyo de la hipótesis de la reencarnación.

Aunque encontramos en este informe numerosos hechos que sugieren que Kilden es la reencarnación del padre Jonathan, es necesario agotar las demás hipótesis que podrían explicarlo sin recurrir a la tesis reencarnacionista.

Capítulo II Análisis de evidencia

"Sin embargo, si los recuerdos ostensibles de vidas pasadas no constituyen una prueba satisfactoria de la reencarnación, ¿qué otro tipo de evidencia podría haber para respaldar esta doctrina?

Ken Wilber

Muerte, Renacimiento y Meditación.

En *Exploraciones Contemporáneas de la Vida Después de la Muerte*, São Paulo: Cultrix, 1992, p. 164.

HECHOS RELEVANTES QUE PRECEDIERON AL NACIMIENTO DE KILDEN ALEXANDRE

De un examen detenido del informe que acabamos de transcribir, se pueden resaltar pasajes importantes que implican manifestaciones de fenómenos paranormales que ocurrieron mucho antes del nacimiento del cuarto hijo de Doña Marina Waterloo. Estos hechos sugieren que el vínculo establecido en vida entre Doña Marina y el padre Jonathan permaneció indisoluble incluso después de la muerte de este último.

En la extensa bibliografía sobre fenómenos paranormales registrada por investigadores en la tradicional *Sociedad de Investigación Psíquica* – SPR, fundada en Londres en 1882, hay una sección relativa a los llamados Fantasmas de los Vivos. Son los numerosos casos recogidos por los investigadores de esa sociedad, registrados en sus célebres Actas y, posteriormente, reunidos en un libro de la esposa del primer presidente de la SPR. El título de esta obra es *Fantasmas de los vivos* y el nombre de la autora mencionada es Eleanor Mildred Sidgwick.

También hay otra colección de casos de comunicación viva, con el mismo título, *Fantasmas de los Vivientes*, organizada por los antiguos socios fundadores de SPR, Edmund Gurney, Frederick W.H. Myers y Frank Podmore. Estas dos obras han sido reeditadas varias veces y finalmente forman un solo volumen publicado en 1975 por Arno Press y University Books, Inc. bajo el título *Perspectivas en la Investigación Psíquica* (520 páginas).

Las obras a las que nos referimos tratan sobre comunicaciones paranormales que se producen entre personas vivas. Las comunicaciones más habituales suelen producirse en situaciones de fuerte crisis, especialmente en el momento de la muerte. Estos se llaman avisos de defunción. En la colección de casos relatados en los libros *Fantasmas de los Vivientes*, hay alrededor de mil casos bien documentados de personas que se aparecen visiblemente, o dan otro tipo de señales, a familiares o amigos muy queridos, informándoles de su muerte. Comúnmente, este tipo de avisos coinciden con el coma del comunicador, a punto de morir, y por tanto aun con vida. De ahí el nombre: Fantasmas de los vivos. Los más dramáticos son los que producen señales inteligibles; por ejemplo: aparecen visiblemente, emiten una voz e incluso dan el aviso verbalmente; hacen ruido, mueven objetos o hablan, aunque permanecen invisibles, llamando a las personas por su nombre o incluso dando avisos; influyen en las personas durante el sueño, apareciendo y comunicándoles que acaban de morir; provocan sueños simbólicos capaces de ser interpretados correctamente, etc.

Otros se limitan a producir fuertes intuiciones o corazonadas inducidas telepáticamente. Algunos incluso influyen en las mascotas, incluso cuando se encuentran a grandes distancias.

En el caso de Doña Marina Waterloo, el padre Jonathan, en el momento en que se sentía moribundo, intentó advertir a doña Marina tres veces:

1) *Primer Aviso: La Voz del Sacerdote*

Doña Marina estaba en estado de vigilia. Aquí está su descripción completa:

"Así que volvimos a mi cocina, la noche del 31 de mayo de 1972. Yo estaba en la estufa, preparando un biberón, antes que Kildary se despertara y soltara la sopa.

La casa estaba completamente cerrada. Marciño estaba en su almacén, hablando con sus amigos. Es costumbre en SN que los amigos se reúnan en los almacenes, ya que estos cierran en algún momento. Así que estábamos dentro de la casa, conmigo despierta y Kildary durmiendo.

Pendiente de la puerta que daba de la cocina al salón, había una cortina de hilos plásticos blancos y negros, los colores favoritos de Marciño, por el Club Atlético Minero. Estaba de espaldas a la cortina, haciendo gachas, cuando escuché la voz del padre Jonathan, llamándome por mi nombre. Rápidamente me giré para responder... Vi la cortina moverse como si alguien hubiera atravesado ella. Apagué la estufa, aterrorizada, y corrí al dormitorio. Me recosté y comencé a analizar lo sucedido: ¿Por qué volteé a ver al padre Jonathan, si la última vez que lo había visto fue en la ciudad de B, en 1969? ¿Dónde estaría ahora? ¿Por qué nos desconectamos? ¿Por qué nos alejamos unos de otros?

La última noticia que supe de él fue en julio de 1970, cuando me escribió hablándome de su apostolado en BH. ¿Por qué Dios mío no le volví a escribir?

Concluí que el matrimonio realmente es una soledad para dos y que tal vez el padre no me había llamado. Ciertamente estaría débil de la cabeza después del nacimiento de Kildary...

Cuando llegó Marciño, le conté lo sucedido y también dijo que sería agotador mental.

Me quedé dormida."

¿Podría Doña Marina haber sido víctima de una simple alucinación subjetiva debida a un supuesto cansancio mental? No debería ser tan tarde en la noche cuando estaba preparando biberones para su primer hijo. Todavía esperaba que llegara su marido y, al parecer, todavía estaba bastante despierta. Además, ¿quién o qué habría movido los hilos de la cortina como si alguien hubiera pasado por ahí? No hubo borrador por el momento.

Otro hecho extraño es la coincidencia entre los dos hechos simultáneos que parecen haber ocurrido en ese momento. La voz que la llamó y que ella identificó como la del padre Jonathan - aunque hacía mucho tiempo que no se escribían -, y el movimiento anormal de la cortina. Parece que no se trataba de una simple alucinación subjetiva provocada por el cansancio o el agotamiento nervioso.

Pero sigamos para sacar conclusiones más coherentes.

2) Segunda Advertencia: El Sueño.

Tras el episodio de la voz del cura y el concomitante movimiento de los hilos de la cortina, se produjo otro tipo de fenómeno, que también tiene todas las características de una esquela de defunción. Aquí está su descripción extraída del informe de doña Marina:

"Me quedé dormida y soñé que una infinita plantación de lirios me separaba del padre Jonathan que, al otro lado, me tendía las manos. Sus brazos se hicieron inmensamente largos, tratando de tocarme. Mis manos también intentaron tocar las suyas y no pudieron. Cuando intentó dar un paso, me vinieron a la mente recuerdos de su paso por la Escuela Normal."

3) Tercer Aviso: La noticia de la muerte del Padre Jonathan.

Notemos que hubo una tercera y última advertencia dada por el padre Jonathan, pero esta vez ya debía estar clínicamente muerto.

GN Tyrrell, en su obra titulada *Apariciones*, critica la interpretación dada a ciertas categorías de apariciones relatadas en la obra *Fantasmas de los vivos*. La interpretación en cuestión fue sugerida por uno de los autores de la segunda colección de estos casos a la que nos referimos anteriormente, cuyo nombre es Edmund Gurney, uno de los fundadores del SPR. Gurney atribuye lo simple a la mayoría de estas manifestaciones: son coincidencias. Como consecuencia, Gurney las clasifica en la categoría de alucinaciones subjetivas, creadas únicamente por la imaginación del sujeto.

Tyrrell cuestiona el punto de vista de Gurney, mostrando que, por el contrario, la mayoría de estos casos son en realidad manifestaciones auténticas que implican comunicación entre personas. Tyrrell incluso admite comunicación tangible entre los muertos y los vivos, tanto en el momento de la muerte como en otras circunstancias (Tyrrell, 1973, pp. 32 y 33)

Tyrrell divide las apariencias en cuatro clases principales:

I. Comunicaciones obtenidas experimentalmente, en las que una persona intenta deliberadamente presentarse visible a otra persona, o comunicarse con ella de cualquier forma, pero fuera de situaciones críticas.

II. Apariciones, sensaciones de tacto, voces, etc., ciertamente de una persona lejana que atraviesa alguna crisis grave.

III. Apariciones, voces, ruidos, toques u otro tipo de sensaciones que permitan reconocer quién es el autor, tan pronto como se produce la muerte, pero sin conocimiento previo, por parte del informado, de crisis grave alguna respecto del paciente fallecido. Quien ve, oye o percibe la aparición, puede que hasta ese momento no haya tenido la más mínima información previa sobre el manifestante.

IV. Espíritus o apariciones, que suelen rondar algunos lugares o casas. (Tyrrell, 1975, p.33)

En el presente caso, Doña Marina experimentó hechos que pertenecen perfectamente a la segunda y tercera clase, distinguidas por Tyrrell y descritas antes.

La última manifestación del padre Jonathan se desarrolló en las siguientes circunstancias, según el informe:

"Al día siguiente, el 1 de julio de 1972, era un día santo, el día del Corpus Christi. Marciño iba a cerrar la tienda para que pudiéramos ir a la procesión. Kildary y yo estábamos listos, esperando. Fui a la tienda para decirle a mi marido que era hora de cerrar la tienda. Cuando regresé a la casa, Marciño me llamó por mi nombre. Me di la vuelta. Sin embargo, la voz que escuché fue la del padre Jonathan y no la de Marciño.

Entré a la casa. Sin embargo, apenas cerré la puerta, Marciño, y estaba escuchando un programa en Radio Guaraní, salió a la calle y me llamó. Regresé al almacén.

- ¿Cómo se llamaba ese cura, tu amigo?

Me preguntó, apagando la radio.

- Padre Jonatán - respondí.

– Acaba de fallecer en una sala de emergencias en BH. Fue víctima de un accidente automovilístico en la Avenida Amazonina. Su condición empeoró desde ayer hasta hoy y falleció."

Este último episodio completa y da sentido a los dos primeros sucesos que, obviamente, deberían haber sido el clásico aviso de muerte del padre Jonathan. Él, naturalmente, intentó informar a doña Marina, en el momento crítico en el que estaba al borde de la muerte.

La literatura parapsicológica moderna incluye actualmente las *Experiencias Cercanas a la Muerte* (ECM). Estos sucesos, inicialmente interpretados como simples alucinaciones derivadas de trastornos cerebrales debidos a la falta de oxígeno y otros factores relacionados, se convirtieron en objeto de investigaciones exhaustivas y rigurosamente científicas por parte de innumerables médicos y psicólogos. Se sabe, a través de miles de testimonios de personas clínicamente muertas y reanimadas, que, incluso durante el período de ausencia de signos de vida, la mayoría de estos pacientes permanecían conscientes. Además, los pacientes sintieron que salían de su cuerpo desde donde comenzaron a ver todo el entorno en el que se encontraban, incluso viendo su propio cuerpo inanimado. Algunos presenciaron las dramáticas maniobras y esfuerzos realizados por médicos y enfermeras para resucitarlos. Otros se vieron deslizándose por un túnel, al final del cual vieron un "Ser de Luz" que los esperaba y los acogía con amor. Estas experiencias son variadas, pero fundamentalmente siguen el mismo patrón. (Moody, Jr., 1975, 1977, 1988, 1992; Ritchie, 1980; Sabom, 1982; Morse y Perry, 1990; Anillo, 1992; Mercier, 1992)

En general, parece que, en el momento de desconectarse del cuerpo en el momento de la muerte, el espíritu puede sentirse suficientemente lúcido y libre para buscar a quienes más ama. En algunas de estas ocasiones deben ocurrir los fenómenos de alerta de muerte antes mencionados.

Es muy probable que algo parecido ocurriera entre el padre Jonathan y doña Marina, en aquella ocasión.

¿No solía soñar doña Marina con frecuencia con el padre Jonathan, debido a su intensa estima por él, agravada aun más por el anhelo?

En su informe se quejaba precisamente que le costaba soñar con el padre Jonathan. Incluso después de su muerte, esta situación no cambió, a pesar de su intenso deseo de volver a verlo, inclusive en sueños:

Siguió pidiendo al padre Jonathan que apareciera. Un par de veces soñó con él, "sueños sin importancia que ya han sido borrados de mi memoria."

Por lo tanto, hay buena evidencia que el padre Jonathan se sentía, en cierto modo, extremadamente apegado a doña Marina y, probablemente, era a ella a quien su espíritu buscaba en los momentos en que se desconectaba de los vínculos carnales. Este episodio de la esquela nos permite suponer que el espíritu del padre Jonathan había permanecido relacionado con doña Marina, durante los siete años, dos meses y veinticuatro días que transcurrieron hasta el momento de la concepción de Kilden, cuando luego realizó su enlace de reencarnación definitivo. Es una pena que todavía no existan medios para investigar más directamente períodos de transición tan cortos, para saber exactamente qué sucede entre la muerte y el comienzo de la siguiente encarnación.

Sin embargo, el breve período de interrupción observado en el presente caso constituye una prueba más a favor de la hipótesis de la reencarnación. Las encuestas estadísticas revelan que los niños capaces de recordar encarnaciones anteriores generalmente pasan por un período muy corto de pausa. El tiempo intermedio medio contado en el calendario terrestre para estos niños es de aproximadamente seis años, oscilando entre cero y treinta y dos años.

Actualmente, para la gente común y corriente que no manifiesta recuerdos de reencarnación, el tiempo promedio el intervalo es de aproximadamente doscientos cincuenta años terrestres. (Goldstein, 1991)

El pequeño espacio de tiempo entre la muerte del padre Jonathan y su supuesta reencarnación como Kilden está muy cerca del promedio mundial, como señalamos anteriormente. Este dato favorece la hipótesis de la reencarnación.

El breve período de intermedio también explica por qué estos niños, como Kilden, guardan recuerdos de episodios vinculados a sus vidas anteriores, especialmente aquellos que, para la personalidad anterior, estuvieron marcados por acontecimientos dramáticos y/o sufrimiento intenso. Momentos de gran felicidad también pueden dejar recuerdos de esta categoría.

EXTRAÑOS FENÓMENOS OCURRIERON DESPUÉS DEL NACIMIENTO DE KILDEN ALEXANDRE

"Desde el nacimiento de Kilden, ha habido una transformación inexplicable en nuestra casa" – informó doña Marina, en su informe.

Ya durante el embarazo parece que apareció algo parecido al antagonismo o rechazo por parte del padre hacia el niño que nacería:

"Marciño estaba indignado por mi embarazo."

Explicó doña Marina al comentar el episodio de su concurso para ganar un puesto en la Agencia IPSEMG, que se abriría en la ciudad donde vivían. En esa ocasión obtuvo el primer lugar en el concurso. Sin embargo, no pudo asumir el cargo porque la Agencia se inauguró precisamente en mayo de 1980, cuando nació Kilden. Como doña Marina no estaba en condiciones de asumir el papel, perdió su lugar y pasó al segundo lugar.

¿Podría ser ésta la única razón de la aversión hacia el niño que estaba por nacer? ¿No habría, en este caso, la manifestación de una antigua rivalidad entre dos espíritus opuestos, cuyo pasado de reencarnación exigiría una reconciliación necesaria para la evolución de ambos? La vida tiende a escribir dramas similares, tejidos y representados por los propios protagonistas, me esfuerzo por mejorar cada uno.

Continuemos:

Kilden, según declaraciones de doña Marina, "fue agradable y durmió bien." Sin embargo, "durante el sueño, su respiración se volvía rápida y dificultosa, llegando incluso a emitir un ruido fuerte." Doña Marina pensó: "Está soñando..." y cambiaba de posición.

¿Con qué soñaría un niño recién nacido para dar señales de angustia? ¿Podrían ser síntomas de alguna anomalía orgánica? El testimonio de doña Marina no aclara bien este punto y no toca más el tema. Al parecer, los síntomas no eran muy alarmantes en ese momento.

Sin embargo, comenzaron a ocurrir otros hechos extraños.

Veamos cómo los describe Doña Marina en su informe:

"Una noche, a las nueve, estaba amamantando a mi bebé sentada en la cama. Había una pequeña mesita de noche en un rincón, entre la cama y la pared. En el cuarto los niños ya dormían en la habitación de al lado. Me quedé en silencio, observando el rostro de Kilden mientras amamantaba con los ojos cerrados.

De repente escuché varios golpes en la pequeña mesita de noche, que estaba a unos treinta centímetros de mí. Aterrada, levanté las piernas sobre la cama y comencé a gritar llamando a Kildary; el pobre chico vino corriendo. Le pregunté si había oído algo y me dijo que escuchó fuertes golpes en mi habitación. Temblando, coloqué al bebé en la cama y me levanté. Me temblaban las piernas. Le pregunté a Kildary si tendría el valor de ir a la cocina y traerme un vaso de agua.

– Sí, lo haré, mamá.

Cuando Kildary salía de la habitación, escuchamos muchos pasos de gente que venía corriendo de la cocina. Un ruido fuerte, como si estas personas hubieran golpeado sus manos contra el frigorífico, que estaba en la despensa, justo delante de la puerta de nuestro dormitorio. Kildary gritó, alejándose y cayendo en una silla. El ruido continuó hacia la puerta de mi dormitorio, luego giró hacia el baño, donde se detuvo.

Sentí que había varias personas, algunas aferradas unas a otras, como si estuvieran jugando a los trenes. Los pasos eran de varias personas corriendo y saltando."

Doña Marina concluyó su relato de este evento diciendo que ni Kildary ni ella quisieron comentar sobre lo sucedido. Los dos, temblando y abrazados, fueron a la habitación donde estaban las niñas y las llevaron a la cama de la pareja, donde permanecieron todos, con la puerta cerrada, hasta que llegó el señor Marciño.

Doña Marina continúa relatando la serie de innumerables fenómenos inexplicables que se produjeron en aquella época.

"Se oían los ruidos más extraños y variados sin causa aparente.

Una noche, a medianoche, Marciño y yo estábamos en la cocina, tomando café y hablando. Llegaba tarde del trabajo los fines de semana. Era un sábado. La casa estaba toda limpia y tranquila. Los niños durmiendo. De repente escuchamos fuertes golpes en la despensa, muy cerca de la cocina.

En la despensa había un frigorífico, una mesa con sillas, un pequeño armario y un corralito para bebés. Esto estaba en un rincón, muy cerca de la cocina.

En el momento en que escuché el ruido, salté y me senté en el regazo de Marciño. De nuevo el ruido se hizo más fuerte, más claro. Marciño también lo había oído. El ruido, la primera vez, parecía proceder de cerca de la mercería. La segunda vez, sin duda, había venido del parque de madera. Fuimos a la copa. Nada. Todo en silencio y en los lugares correctos...

Otra noche, a las nueve, ya estábamos en la cama. Solo Marciño seguía trabajando. Escuché el sonido de tacones altos fuera de la ventana de mi habitación.

Esperé, con la cabeza en alto, a que alguien llamara o tocara la puerta.

No llamaron. Ni siquiera tocaron. Los pasos de tacones continuaron dentro de mi habitación, desde la cómoda hasta el costado de la cuna de Kilden. Me cubrí la cabeza, muerta de miedo. Grité llamando a Kildary, que pronto apareció. Volví a poner a todos en mi cama y cerré la puerta de la habitación, hasta que llegó Marciño.

Unos días más tarde, a las nueve, mientras yo estaba acostada y Kilden dormía, de repente vi una figura clara cerca de la cuna. Solo una figura, que luego desapareció...

Una vez nos acostamos mucho más temprano de lo habitual. Y como estaba cansada, pronto me quedé dormida. Me desperté escuchando el ruido del coche de Marciño, que venía por nuestra calle y entraba en el garaje. Mi marido cerró de golpe la puerta del coche, cerró el portón y subió la rampa del porche, haciendo ruido con las llaves al golpear la jarra de café. Luego, como de costumbre, oí el clic de la llave en la cerradura. También escuché a Marciño golpear con la llave en la puerta, ya que la otra llave se había quedado adentro. Me levanté corriendo, abrí la puerta, en realidad la llave estaba dentro, diciéndole a mi marido que tenía tanto sueño que no me había acordado de sacar la llave de la puerta... En ese momento vi que el porche estaba vacío., que la puerta del garaje estaba abierta y que no estaban ni nuestro coche ni el de Marciño... Corrí dentro, asustada y cerré la puerta. Miré el reloj, que marcaba las nueve y diez minutos...

Saqué la llave de la cerradura y me fui a mi habitación, sin entender más este suceso..."

Doña Marina dijo que su casa sufrió una importante renovación física, volviéndose más grande, más cómoda y más hermosa. Pero esos ruidos seguían molestándola. Este hecho le provocó cierto abatimiento. Aunque doña Marina no se considera una psíquica, existen innumerables pruebas que apuntan a todo lo contrario. De hecho, la propia doña Marina lo revela no solo a través de hechos más recientes, que ya hemos examinado anteriormente, sino también de otros más antiguos, ocurridos en su infancia:

"Los ruidos que, durante mis noches de insomnio, escuchaba, en el lejano y nostálgico lugar de M, en mi infancia, fueron descritos, por mis padres, como si fueran miedo... cosas de niños que no duermen.... solo impresiones...

¿Y ahora? Ya no soy una niña... Los ruidos continúan... Mis hijos los oyen... Mi marido una vez también los escuchó... Mi casa no está embrujada... Dondequiera que estoy hay ruidos... Yo no soy psíquica; sin embargo, siento algo extraño dentro de mí... Me temo que estoy loco..."

Basándonos en nuestra experiencia y con todo el respeto y consideración que doña Marina tiene por nuestra parte, nos atrevemos a decir que tiene habilidades paranormales, especialmente psicoquinesis. Los fenómenos relatados por ella y transcritos aquí caracterizan casos típicos de *poltergeist*, de carácter muy leve en comparación con los casos más comunes que hemos tratado. En términos técnicos, doña Marina actúa como epicentro.

El epicentro es la persona que hace posible la producción de los fenómenos, aunque su participación sea completamente inconsciente e, *ipso facto,* involuntaria.

Sin embargo, queda por ver qué agentes producen el ruido. Nos aventuramos a formular una hipótesis de trabajo. Según nuestra modesta experiencia, tenemos la impresión que algunos, quizás no todos los ruidos, fueron producidos por el espíritu del mismo padre Jonathan. Esta propuesta nuestra puede parecer un tremendo absurdo, un puro disparate. Pero intentaremos explicarnos al respecto:

El proceso de reencarnación parece comenzar poco después de la fusión de los dos gametos durante la fecundación, tras lo cual se forma el cigoto. Una vez realizada la conexión inicial del modelo biológico organizador (MBO) del espíritu con el óvulo, la operación continúa gradualmente a medida que se producen sucesivas duplicaciones mitóticas de las células del embrión. Durante el proceso en el que se va formando el embrión, el MBO irá ganando terreno en ese ser inicial, guiando la disposición celular del nuevo organismo en crecimiento.

La conexión continúa paso a paso, pero siempre hay una porción mucho mayor, del espíritu mismo, que está fuera del cuerpo en proceso de formación. Esta parte libre del espíritu permanece fuera de nuestro espacio incluso después del nacimiento y durante toda nuestra vida. En el recién nacido se puede decir que el espíritu sigue siendo prácticamente completamente libre. Solo una pequeña fracción de la zona MBO está adherida al cuerpo del niño. De esta forma, se puede decir que el bebé tiene dos personalidades:

Una de ellas es la que se está desarrollando bajo la dirección del MBO. Esta personalidad en formación es todavía semiinconsciente, predominando los instintos y los reflejos normales. Se moldeará más adelante bajo las influencias morfogenéticas del MBOB y la herencia biológica, combinadas con la adaptación al entorno en el que se desarrollará el niño.

En las primeras etapas del crecimiento, la personalidad es como arcilla en manos del alfarero. Combina las cualidades esenciales de los caracteres genéticos heredados de los padres, más el potencial del espíritu alcanzado a lo largo de encarnaciones pasadas. Estos últimos son un tipo de autoherencia espiritual, que se llama *sankharâ* - terminología budista, aun sin traducir. (Andrade 1984, págs. 203-205). De esta forma se hace posible la educación de la persona en la infancia y, como consecuencia, la formación de una nueva personalidad. Naturalmente sufrirá las influencias del carácter de la personalidad anterior, incluyendo sus fobias, sus gustos, sus manierismos, etc., pero en un proceso ritual de desaparición para luego dar paso, por completo, al nuevo cuerpo físico en desarrollo.

Respecto al mencionado fenómeno, que ocurre con los niños no nacidos, transcribiremos un extracto de la *Enciclopedia de la Ciencia Psíquica*:

"Basado en algunos experimentos curiosos sobre regresión de la memoria, Cel. Rochas creía que el doble solo era completo a los siete años y que la forma astral penetraba en el cuerpo solo un instante antes del nacimiento y luego solo parcialmente. Maxwell estudió a una joven a la que se le había encomendado cuidar a un niño desde su nacimiento. Vio a su lado una nube luminosa de facciones mejor formadas que las del niño y algo más grandes que ella. Esta sombra, al nacer, estaba más exteriorizada desde el niño. Pareció penetrar gradualmente en el cuerpo. A los catorce meses de edad, la penetración era de aproximadamente dos tercios completos." (Fodor, 1974, p.100, 2ª columna)

Cuando el individuo aun está en gestación y luego como recién nacido, esa parte del espíritu, aun no integrada en el cuerpo del recién nacido, en algunos casos, puede eventualmente estar en posesión de cierta porción de conciencia de la personalidad anterior. En esta situación, en ocasiones la personalidad anterior logra actuar como espíritu libre. Esto, al encontrar un "epicentro" disponible, puede provocar fenómenos con efectos físicos, como ruidos, estampidas de pasos, imitaciones de sonidos, aliarse con otras entidades y organizar ruidos similares a movimientos colectivos, etc.

Pensamos que el espíritu del padre Jonathan estaba, a través de estos medios, tratando de dar señales de su presencia. Es necesario tener en cuenta que, en la fase de reencarnación, la personalidad anterior, situada en la parte libre del espíritu, puede ya no estar en posesión de su conciencia integral. Por ello, en este caso tus acciones serían menos racionales, más torpes y extrañas, equivalentes al comportamiento de una persona borracha o de alguien en fuerte estado de angustia.

Estas son las razones por las que suponemos que hubo intentos de comunicar el resto de la personalidad del padre Jonathan en aquella ocasión. Sin embargo, es posible que otras entidades espirituales aprovecharan la oportunidad para provocar un pequeño *poltergeist*. Hay muchos de estos pequeños espíritus evolucionados que disfrutan asustando a la gente. Sin embargo, antes de nada queremos recordar que estamos conjeturando sobre situaciones que todavía dependen de la demostración de la premisa mayor, como que, efectivamente, el niño Kilden es la reencarnación del padre Jonathan. El objetivo de este trabajo es verificar la validez de esta primera hipótesis. Por lo tanto, no afirmamos definitivamente ninguno de estos supuestos. Nuestro veredicto estará al final de esta monografía.

Finalmente, aclaramos que, entre los sucesos de *poltergeist* que investigamos, encontramos un caso en el que los brotes de manifestación del fenómeno coincidieron con los momentos de embarazo del "epicentro" – una señora casada. (Andrade, 1988b, Capítulo III)

En los fenómenos *poltergeist*, la presencia de un epicentro es prácticamente indispensable. Excepcionalmente, pueden ocurrir fenómenos físicos paranormales en ausencia de un agente humano, pero no siempre son del tipo *poltergeist*. Lo más seguro es que se trate de algo inquietante. En el caso de los fenómenos relatados por doña Marina, hay que sospechar de dos personas que podrían haber actuado como epicentro: el primer hijo, Kildary, que en ese momento solo tenía ocho años; y la propia doña Marina.

Es poco probable que Kildary, a una edad tan joven, actuara como epicentro. Nos parece más probable que doña Marina fuera el agente del fenómeno. En un largo cuestionario que le propusimos había una pregunta sobre las manifestaciones paranormales que le ocurrían. Por la respuesta, sabemos que desde hace muchos años doña Marina ha sido testigo de fenómenos de esta naturaleza, que siempre han ocurrido en su presencia. Es muy probable, por tanto, que fuera el epicentro de los hechos registrados cuando Kildary aun era un recién nacido.

A pesar de las consideraciones anteriores, una vez demostrada la reencarnación del padre Jonathan como Kilden, los fenómenos paranormales tendrían gran significado para la elaboración de una hipótesis explicativa del proceso de renacimiento.

Pasemos ahora al análisis de los primeros recuerdos del paciente.

TABLA DE LOS PRIMEROS RECUERDOS DEL PACIENTE

1) ¡Desde los dos años empezó a declarar que no era Kilden sino Alexandre!

Transcribimos las palabras del informe de Doña Marina Waterloo:

"Desde los dos años empezó a suceder algo que al principio no me llamó la atención: Kilden gritó, nervioso, que él era Alexandre, que no era Kilden.

– ¡No soy Kilden, tonta! ¡Soy Alexandre!

En realidad, nada de eso importaba, porque se llamaba Kilden Alexandre. ¿Cuál sería el problema si prefiriera el segundo nombre?"

De hecho, para una persona como doña Marina, que tenía una educación religiosa estrictamente católica, difícilmente podía surgir en su mente la suposición que su hijo era la reencarnación del padre Jonathan. A este hecho se suma la especial circunstancia que el niño tiene un doble nombre, Kilden Alexandre. Eso haría muy natural que, aunque tenía dos años, prefiriera su segundo nombre, Alexandre.

Esta alienación de la idea de la posibilidad de la reencarnación, por parte de doña Marina, se muestra más claramente en el siguiente episodio:

2) A veces, quizás irritado por no ser comprendido, Kilden declaraba, gritando y furioso, ¡que él era el sacerdote!

Transcribamos una vez más las palabras de la madre del niño:

"Otras veces gritaba:

– ¡No soy Kilden, tonta! ¡Yo soy el padre! ¡Soy Alexandre!

- ¡Oh! ¡Vas a ser sacerdote! - Dijimos.

- ¡No! ¡No voy a ser sacerdote, no! ¡Yo soy el padre!

No significó nada para mí.

Era solo el punto de vista del niño. Estaba demasiado inmersa en el indiferentismo ante la vida, en la rebelión, en la frustración por el hecho que yo, Marina Waterloo, merecía un lugar destacado en algún sector cultural de esa ciudad, o incluso del Estado...

Los gritos y voceríos de Kilden solo demostraban que era un niño agitado y que incluso hacia su madre era agresivo, porque cuántas veces me dijo malas palabras, que nadie en casa usaba, solo para explicarme que él era el 'sacerdote.'"

En aquel momento, algo madura y, probablemente, algo desilusionada, doña Marina "ya no era una católica de misas, comuniones y procesiones", como ella misma expresó en su informe cuando se centró en el episodio actual de la infancia de Kilden. Sin embargo, doña Marina aun no había considerado ninguna otra secta o filosofía religiosa, y mucho menos el Espiritismo. Al respecto, ella misma tenía una opinión común sobre la Doctrina Kardecista, especialmente la de los católicos: "El Espiritismo es una secta del diablo; es algo para gente ignorante y termina volviendo loca a la persona que es sometida a ello."

Y, en un extracto de su informe, Doña Marina fue incisiva:

"Nunca se me pasaría por la cabeza que había un significado espiritualista, un significado reencarnacionista en las palabras de mi hijo Kilden Alexandre. Se propuso dejar claro, con sus ataques de exaltación, que él no iba a ser sacerdote, él era el Sacerdote."

Doña Marina nos informó, personalmente, que su cuñada MC y sus dos hijas V y D vivían, en aquel momento, en la misma ciudad de Oliva. Fueron testigos, varias veces, de los hechos narrados anteriormente; es decir, "los gritos que daba Kilden, diciendo que era el padre, que no era Kilden sino Alexandre."

Sin embargo, ni siquiera estos familiares suyos tenían la idea que Kilden estaba hablando de su identificación de reencarnación con un sacerdote. En aquella época, en el interior de Minas Gerais, el catolicismo era la religión predominante. Muy pocas personas sabían siquiera qué sería la reencarnación.

Hasta hoy, tales ideas son consideradas "cosas del Espiritismo." Existe la creencia generalizada que quien se involucra con el Espiritismo termina volviéndose loco. El Diablo sería el poseedor de las almas de estas criaturas desprevenidas, etc., etc. Estas ideas fueron difundidas masivamente a través de sermones y literatura pseudocientífica guiada por el clero católico. Por lo tanto, no es de extrañar que no solo doña Marina, sino incluso sus familiares, todos tradicionalmente católicos, no hayan entendido, en los gritos y protestas de Kilden, su afirmación que él era el sacerdote. Sí, el padre Jonathan, cuyo seudónimo, combinado en vida con el de doña Marina, era Alexandre. Él, aun niño, tal vez no tenía en su nuevo cerebro el nombre Jonathan, con el que identificar al padre. Luego utilizó el seudónimo que en realidad formaba parte de su doble nombre actual: Kilden Alexandre.

Sin embargo, acabó superando la dificultad de identificarse, como veremos a continuación:

> 3) Durante un baño, Kilden logró hacerle entender a su madre que él era realmente la reencarnación del sacerdote.

Doña Marina había pedido a su hijo mayor, Kildary, que fuera al bar a comprar cierta cosa - no recuerda qué era. Luego, llevó a Kilden al baño. El niño no tenía en ese momento ni tres años.

Luego de sacarlo de la palangana, lo envolvió en la toalla y lo llevó al dormitorio para vestirlo. Demos la palabra a doña Marina:

"Al entrar a la habitación le pregunté:

– ¿De dónde sacó mamá este cariño? ¿Dónde?

Siempre tuve la costumbre de jugar así con los niños. Siempre respondieron que los arreglé en la capital. Keila, que siempre era más juguetona, respondió que 'fue en casa del Conde...'

Sin embargo, la respuesta de Kilden me dejó en la Luna. Con los ojos muy abiertos, muy serio, el niño me dijo:

– ¿No sabes? Iba en moto. Entonces vino un camión y chocó contra mi motocicleta. Caí con la cabeza en el suelo y morí. ¡Fui muy profundo y luego encontré otro yo...!

Aterrado por esa respuesta, le pregunté:

– ¿Cuándo, hijo mío, pasó algo así?

– ¡Cuando era sacerdote! Mi moto cayó al suelo y yo quedé abajo, en el hoyo... ¡y encontré otro yo!

– ¿Y el camión?

– El camión se fue...

Lo acosté en la cama, medio desnudo y fui a la otra habitación a escribir lo que había dicho. Esa respuesta enfriaría a cualquier escéptico. Era necesario escribirlo.

Recordé los gritos de Kilden cuando lo llamaban por su nombre... Recordé que siempre decía que era el padre... Recordé también el 1 de junio de 1972, cuando la Radio Inconfidência había anunciado la muerte del padre Jonathan, mi mejor amigo... Accidente en la Avenida Amazonina. Dios mío, mi cabeza estaba acelerada."

Con este episodio, soña Marina finalmente tuvo la revelación sobre el verdadero origen de las reacciones de Kilden, cuando lo llamaban por su nombre de pila. Pero aun así, doña Marina se resistía a aceptar las pruebas que ella misma observaba. Esto fue demasiado para una persona nacida, criada y educada en un ambiente religioso que, en esencia, enseñaba precisamente la negación de lo que revelaban los hechos.

Solo más tarde, después de consultar a los líderes espíritas y leer libros sobre el Espiritismo, doña Marina se acostumbró a la idea de la reencarnación y la aceptó como la mejor explicación del comportamiento de Kilden.

4) Reconoció espontáneamente, en una fotografía, los lugares donde, como el padre Jonathan, había conocido a doña Marina, durante su estancia en el colegio de las Hermanas.

Veamos cómo relata Doña Marina este episodio:

"Una tarde estaba en una habitación con los niños, preparando las maletas para un viaje que íbamos a realizar.

Cuando estaba sacando varios papeles de una maleta grande, se cayó una postal en blanco y negro, que estaba tan escondida que ya me había olvidado de ella. Kildary y Kilden tomaron la foto. Entonces Kilden dijo, sentándose en el suelo:

- ¡Miren! ¡Aquí estaba yo y abajo estaba mi madre!

La foto era del Bairro dos Coqueirais, en el NP, donde estudié y conocí al padre Jonathan, en 1968."

5) Recordó haber jugado fútbol con los niños cuando era sacerdote, mostrando impaciencia cuando su madre parecía ignorar este tema en particular.

Cuando la mencionada fotografía fue recogida por Kildary y su hermano Kilden, este último parece haber recordado otros detalles de su última encarnación. Doña Marina, curioso, observó su comportamiento.

En un momento, Kilden puso su dedo meñique sobre la imagen de la escuela de los sacerdotes y luego sobre la de la escuela de las Hermanas, donde Doña Marina era estudiante interna. Probablemente aquellas figuras debieron estar despertando, por asociación de ideas, algún recuerdo en Kilden. Doña Marina, que lo observaba atentamente, intentó en ese momento hacer una prueba y, curioso, le preguntó qué hacía en aquella "casa grande", refiriéndose al colegio de los curas donde se alojaban los alumnos varones. Kilden respondió de inmediato:

"- ¡Jugaba a la pelota con muchos chicos, tonta! ¡Estás cansado de saberlo!

Doña Marina decidió confirmar si realmente tenía algún recuerdo de su supuesta vida anterior y volvió a insistir:

–¿Cuándo jugaste a la pelota con los chicos? - Le preguntó.

– Cuando era sacerdote, ¡guau! - Respondió Kilden, gritando con impaciencia."

Parece evidente que la citada fotografía debió provocar alguna reacción en Kilden, si admitimos, aunque sea como hipótesis de trabajo, que se trata de la reencarnación del padre Jonathan. Veamos cómo describió doña Marina la escena de su hijo mirando la foto:

"Kildary - el hijo mayor -, me miró riendo, sin saber el motivo de mi cara de asombro.

Kilden Alexandre, arrodillado y sentado sobre sus talones, con la cabeza gacha, seguía contemplando la postal, como si ya no estuviéramos presentes. De vez en cuando, el niño se aislaba en meditación, con la chupeta en la boca y la punta de la almohada en la nariz. A pesar de estar apasionado y muy vivo, tuvo momentos como este.

Tomé la foto, leyendo, sorprendido, lo que estaba escrito en el reverso, con letra del padre Jonathan:

"Marina, ¡cuántos recuerdos te trae esta foto! Recuerdos que serán siempre imborrables para ti y para Alexandre.

El dolor de extrañar al Padre Jonathan se confundía con aquella pesadilla provocada por un niño tan pequeño, que decía con tanta seguridad que era Alexandre, el padre...

"El Bairro dos Coqueirais fue realmente el escenario de un gran acto de la misteriosa obra de mi vida... Un día, si la historia de Alexandre se hace pública, la foto de este barrio seguramente ocupará mucho espacio."

6) Lloró al escuchar la canción cantada por el cantante Paulo Sérgio: *Última Canción*.

Este canto debió quedar intensamente grabado en la memoria del padre Jonathan. Era la canción popular más escuchada por ambos en el momento en que él y Marina estaban en el apogeo de su pasión. Transcribamos un extracto del informe de doña Marina:

"25 de agosto de 1968: Fuimos al Colegio de Sacerdotes. Vi a Alexandre hasta que salió el autobús. Se despidió discretamente y sonrió.

Ese veinticinco de agosto me marcó profundamente. Luego de unos minutos de conversación con el padre Jonathan en su habitación, cuya música de fondo era *Última Canción*, partió para pasar varios días en BH, en Retiro Espiritual..."

Doña Marina contó cómo se sintió aquella tarde fría y lluviosa, después que partiera el autobús que llevaba al padre Jonathan. Seguramente él debió sentir la misma emoción al despedirse de Marina en su sala de estar, escuchando *Última Canción* como música de fondo. Estos momentos tienden a calar profundamente en el alma de los enamorados y quedan grabados de forma indeleble en la memoria de quienes los viven. La música se asocia a momentos vividos bajo este tipo de emociones.

Volvamos ahora al episodio que ocurrió más tarde con Kilden cuando era niño. Transcribamos las palabras de doña Marina:

"En otra ocasión, Marciño nos compró un disco del cantante Paulo Sérgio. Mientras escuchábamos la primera canción, *Última canción*, noté que Kilden, encorvado bajo el brazo, estaba llorando en el sofá.

- ¿Que pasó? ¿Por qué estás llorando?

– Me siento triste por la música – respondió.

– ¿Por qué estar triste si ni siquiera te sabes la canción?

- ¡Claro que la conozco! ¡Soy Alexandre! - Gritó."

Como se puede ver, una canción puede evocar una emoción e incluso el recuerdo de hechos ocurridos en una existencia pasada. Depende de la intensidad de la emoción asociada con esa música, como fue el caso de Kilden que aquí se relata.

Estos seis elementos de la tabla de recuerdos de Kilden Alexandre fueron tomados del informe de doña Marina Waterloo, que ella nos proporcionó.

✳ ✳ ✳

Después de nuestra visita a la familia de Kilden, tuvimos la satisfacción de conocer personalmente a soña Marina, así como a su marido e hijos. Es una familia encantadora. Hablamos extensamente con Kilden. Es un chico muy vivaz e inteligente. Prácticamente su memoria de reencarnación ya se ha extinguido. Comenzó a disminuir después de los seis años. Este fenómeno es normal en los casos de esta categoría.

Sin embargo, suelen quedar algunos hábitos, gustos, rasgos de comportamiento y carácter que eran notoriamente propios de la personalidad anterior. Asimismo, pueden aparecer esporádicamente "destellos" de recuerdo espontáneo, que se presentan en algunas ocasiones, cuando algún hecho o situación proporciona asociaciones capaces de sacar a la superficie el recuerdo de ciertos hechos destacables.

Durante nuestra visita, entregamos a doña Marina un cuestionario para que lo respondiera por escrito. Hicimos una larga entrevista personal con ella, que era la persona que mejor conocía Kilden Alexandre.

A partir de esa visita comenzamos a mantener correspondencia por carta. Acordamos que doña Marina nos informaría, por escrito, de todos los hechos relevantes que observara sobre el comportamiento de su hijo, así como de aquellos episodios que recordaba y que no habían sido mencionados en su informe.

Tuvimos éxito en nuestra relación epistolar con doña Marina. Nos ha atendido puntualmente y con gran eficacia y buena voluntad.

Por lo tanto, de ahora en adelante transcribiremos los detalles relevantes sobre el caso Kilden Alexandre, incluidos los "brotes" de recuerdos espontáneos que el paciente ha expresado en un momento u otro hasta el momento.

OTROS DETALLES RELEVANTES DEL COMPORTAMIENTO Y RECUERDOS DEL PACIENTE

1) Uno de los entretenimientos favoritos del padre Jonathan era el fútbol. Kilden expresa la misma preferencia.

El padre Jonathan estaba muy interesado en el deporte del fútbol. Según información de Doña Marina, formó veintidós equipos de fútbol masculino y estuvo constantemente entre ellos, jugando a la pelota con los niños.

Kilden tiene la misma obsesión. Es un fanático del fútbol y su principal pasatiempo es jugar al fútbol con los niños. El padre de Kilden, Marciño, siempre dice que "es bueno con el balón."

2) Otra característica del Padre Jonathan era que se relacionaba fácilmente con la gente. Kilden tiene el mismo don de crear camaradería con otras personas.

Doña Marina enfatiza mucho esta similitud de carácter entre el Padre y su hijo:

"P. Jonathan se hizo amigo de todos, negros, blancos, pobres, ricos, hombres, mujeres y niños. Mi hijo también es así. Se adapta fácilmente, empieza a jugar y, cada vez que salimos a la calle, siempre hay alguien que lo saluda."

3) Cuando Kilden aun era muy joven, solía decir: "Cuando era grande..."

Doña Marina destacó este hecho en su carta del 27 de diciembre de 1990:

"Después de leer su obra *Reencarnación en Brasil*, recordé que mi hijo Kilden Alexandre, cuando aun era pequeño, decía: 'Cuando yo era grande...' Traté de explicarle que antes era aun más pequeño, que no había sido grande. Pensé que estaba confundiendo todo, que no tenía idea de lo grande y lo pequeño."

Los recuerdos de la reencarnación del niño parecen comenzar aproximadamente en el momento en que aprende a hablar - fase elocutiva. Estos recuerdos alcanzan su máxima intensidad alrededor de los cuatro años. Luego siguen disminuyendo hasta los seis o siete años, momento en el que generalmente desaparecen por completo. Sin embargo, hay, excepcionalmente, personas que mantienen imborrables varios de estos recuerdos. Otros manifiestan, sobre todo, buena parte de los comportamientos y gustos que tuvo la personalidad en su vida anterior.

Posiblemente, siendo niño, y al inicio de la fase elocutiva, Kilden intentó explicar a su madre que era un adulto. Más tarde, cuando su vocabulario se amplió, comenzó a protestar cuando la gente lo llamaba por su nombre Kilden, diciendo que era Alexandre. (Ver puntos 1 y 2 del Cuadro de las Memorias). Finalmente, con mayor conocimiento lingüístico, pudo revelar su verdadera identidad (Ítem 3).

4) El padre Jonathan tenía la costumbre de tocar palabras que rimaban. Kilden muestra el mismo comportamiento.

Ésta era una de las costumbres más notables en las conversaciones informales del padre Jonathan, como señalaba doña Marina en su carta del 27 de diciembre de 1990:

> "Hoy mi hijo no recuerda nada, pero se comporta de manera muy similar al padre Jonathan, a quien le gustaba mucho rimar las palabras. Dijo, por ejemplo, que a doña Cléia le gusta la mermelada; María, bebe leche de la palangana... Y varias frases más así. Kilden no dice las mismas cosas que dijo el sacerdote, pero de vez en cuando encuentra fácilmente una palabra que rima y que se está usando en ese momento. Cuando regresamos del colegio, hablamos mucho en el camino y, en esos momentos en que él está muy a gusto conmigo, ocurren varias rimas."

5) Al mismo tiempo que el Padre Jonathan creaba fácilmente un enorme círculo de relaciones y amistades, también despertaba antipatía e incluso enemistad por su costumbre de gastar bromas y burlas, algunas de ellas de mal gusto. Era excesivamente extrovertido. Kilden manifiesta el mismo comportamiento, lo que a veces resulta en fricciones con sus amigos y hermanas...

Doña Marina se queja de la costumbre inveterada de su hijo:

> "Kilden hace amigos fácilmente, es muy comunicativo; sin embargo, también despierta una gran antipatía entre algunos compañeros. Entre las hermanas, sus juegos generan peleas. Él empieza a bromear, las chicas no toleran sus bromas y todos terminan peleando. El padre Jonathan no era querido por sus bromas entre mis compañeras del

internado." – Carta del veintisiete de diciembre de 1990.

El padre de Kilden trabaja como representante de una empresa comercial. Debido a su profesión, el señor Marciño viajaba mucho. En una ocasión, estando en la ciudad natal del padre Jonathan, conoció al Sr. ZC, un viejo amigo de la familia del sacerdote. El Sr. ZC conocía al padre Jonathan desde su infancia. Este señor, comentando sobre el entonces joven Jonathan, dijo que fue él - el Sr. ZC -, quien había llevado al niño - ya mayor -, al Seminario de NP, donde el futuro padre comenzó sus estudios. ZC dijo que Jonathan era un niño muy inteligente, "pero vivía la vida como un juego eterno. Solo era una broma. Su principal recuerdo del joven eran sus juegos." Carta del 5 de julio de 1991.

Doña Marina, comentando este hecho en la misma carta, se expresaba de la siguiente manera:

> "No sé si importa, pero ya estoy desanimadoapor los juegos de mi hijo. Además de tener dificultades para retener lo aprendido, da todo por sentado. Me explico: No tiene problemas de disciplina, ni en el colegio ni aquí en la Parroquia, donde forma parte de los Niños de Don Bosco. A todo el mundo le gusta mucho, dicen que no da mucho trabajo, que se porta muy bien y es muy educado. Es servicial y atento.
>
> Sus juegos empiezan bien y acaban irritando a sus hermanas, que acaban peleando. Después de la pelea, comienza otro juego con otro y así sucesivamente. Recuerdo bien que, en el internado de NP, el padre Jonathan a veces hacía chistes malos, irritando incluso a algunos de los internos."

6) Kilden tiene un gran apego a San Juan Bosco. El padre Jonathan también veneraba a este Santo.

En la misma carta del 5 de julio de 1991, Doña Marina comentaba este hecho:

"A Kilden le gusta mucho Don Bosco. Le gusta recibir postales con la figura de San Juan Bosco. Hace unos días llegó de la reunión muy contento, mostrando un gran 'San Juan Bosco' que había ganado y conservado con mucho mimo, para hacer un cuadro. Mi hijo mayor tuvo más contacto con los Salesianos, porque estudió con las Hermanas, asistió mucho tiempo a la Parroquia, después nos mudamos a este barrio y no se apegó a nada, según Kilden.

El padre Jonatán, que era salesiano, hacía muchas referencias a san Juan Bosco en su predicación.

Kilden muestra un gran apego a la parroquia de los sacerdotes salesianos y, especialmente, a un sacerdote llamado G."

Como nota de aclaración para el lector, recordamos que la Congregación Salesiana fue fundada por Don Bosco - San Juan -, en Turín, Italia, el 26 de enero de 1854, bajo la advocación de San Francisco de Sales; de ahí el nombre de Congregación Salesiana que se le dio a este cuerpo religioso.

Este apego a la memoria de Don Bosco, por parte de Kilden, sin haber sido inducido por otras personas y sin motivo aparente de otra naturaleza, sugiere que mantiene la devoción de la personalidad anterior en forma de un impulso inconsciente. Puede tratarse de una especie de "herencia de reencarnación" de dones, cualidades, tendencias, etc., de carácter psicológico, adquirida por la personalidad anterior, y que pasó a la siguiente.

En el lenguaje técnico budista esto se llama *sankharâ*. El significado más correcto de esta palabra es: "las disposiciones o tendencias del mecanismo corporal o mental, que proporcionan la producción de un resultado." (Oldenberg, 1921, pp.242-243; Andrade, 1984, pp. 203-204). Los s*ankharâs* contribuyen en gran medida a la institución del karma de las personas. En el caso de Kilden, se ve inmediatamente la influencia de un *sankharâ* ligado a su naturaleza religiosa. En una carta, doña Marina Waterloo cuenta el siguiente episodio:

> "Kilden Alexandre siempre dice que entrará en la fuerza aérea. Como en enero nos mudamos a un barrio perteneciente a la Parroquia de San Juan Bosco - (de los Salesianos -, Kilden pronto le pidió a mi hijo mayor que se apuntara en la Iglesia para ser monaguillo. Los monaguillos salesianos son llamados "Niños de Don Bosco." Juegan a la pelota, juegan y aprenden a ayudar en la Misa. Hoy fue la primera vez que Kilden participó en la iglesia Don Bosco, como monaguillo. Fui a misa a verlo. Cuando regresamos a casa, dijo: 'Sabes, mamá, a veces pienso que no voy a estar en la Fuerza Aérea'. Entiendo perfectamente que solo sirve para estudiar lo que ya pasó, y que no podemos analizar algo que está por suceder. Sin embargo, siento, como madre y experta en el tema, que mi responsabilidad es muy grande. Le dije: sé que irás a la Fuerza Aérea. Pero, si fueras sacerdote, ¿qué te gustaría hacer? "Ayudar mucho a la gente" – respondió." - Carta del 22 de abril de 1991)"

7) En ciertos momentos Kilden, a pesar de haber olvidado su existencia anterior, demuestra que tiene cierta convicción que nació de nuevo.

Kilden asiste a clases de catequesis, como es el caso de la formación de los jóvenes católicos, especialmente en el caso de los monaguillos.

En la misma carta de 22 de abril de 1991, doña Marina comenta lo siguiente:

> "Hace unos días, durante el catecismo parroquial, tuvo una discusión con la catequista, diciéndole que el hombre nace de nuevo; quien nació de nuevo."

> 8) A la edad de diez años, cuando se le preguntó directamente sobre dos personas conocidas por el padre Jonathan, Kilden respondió correctamente sobre ellas.

En su carta del 3 de septiembre de 1991, doña Marina relata el siguiente episodio:

> "En 1990 le pregunté, a quemarropa, si el nombre Deolinda le traía algún recuerdo. Me sorprendió mucho la respuesta: 'Ella era de esa época NP. Creo que era ama de llaves.' Nunca le habíamos mencionado sobre la familia del p. Jonathan.
>
> En otra ocasión, no hace mucho, le pregunté: 'Kilden, ¿quién era el padre AL?' Él respondió: 'Era un sacerdote muy anciano'. De hecho, el padre AL era Director del Seminario cuando el padre Jonathan fue allí. Y, en 1968, el padre AL ya era viejo, con problemas de audición, etc..."

Estos son ejemplos de "brotes" de recuerdos que suelen ocurrir incluso después de la desaparición de los principales recuerdos de reencarnación que presentan los niños.

A lo largo de este análisis veremos otras manifestaciones de recuerdos ocasionales de este tipo.

9) Espontáneamente, Kilden Alexandre reveló su deseo de estudiar en un internado para sacerdotes. En su carta del 18 de noviembre de 1991, doña Marina comentó lo siguiente:

"Kilden Alexandre quiere ir a un internado el año que viene. Insistió tanto en el asunto que ordenamos verificar si aun quedaba uno, en Cachoeira do Campo, de los Padres Salesianos. Solo quedaba uno y estaba allí. Anoche me enteré que hay uno, el internado de Cachoeira do Campo, pero aun no sabemos si será aceptado, ya que repetirá 3º de primaria el año que viene.

Todos los que viven con nosotros están sorprendidos por la idea que Kilden quiera ir a un internado, incluido el vicario, que es amigo suyo. En general, los niños y niñas de hoy no pueden soportar la idea de pasar una vida en prisión y fuera de casa."

Más tarde, Doña Marina añadió:

"Kilden quiere insistentemente una vida en un internado para sacerdotes - quiere sacerdotes -, y nadie le animó a emprender tal acción."

10) Reveló una aversión natural e irrazonable hacia el nombre de un compañero de escuela que era muy amigo suyo y, según él, muy simpático.

Esta interesante y paradójica actitud de Kilden nos la comunicó doña Marina, en su carta del 6 de febrero de 1992. He aquí el contenido de la información:

"No hace mucho Kilden y yo caminábamos por la avenida y, frente a nosotros, estaba una colega suya acompañada de su madre. Él dijo: '¡Sabes, mami, esa niña es tan buena! Ella es mi colega. ¡Es agradable, pero no me gusta su nombre!

– ¿Y cómo se llama? - Pregunté.

– 'Iara' – dijo: 'Creo que este nombre Iara es horrible

¡Qué nombre tan feo!' Y él seguía repitiendo el nombre y diciendo que no le gusta y que es un nombre feo. No me importó. Incluso le comenté, diciéndole que era un nombre indígena hermoso. Dos días después, de pronto me acordé de la residente de la Escuela Normal que se burlaba mucho del padre Jonathan. Era sobrina del director, sobrina de la hermana Ita; era hermana de mi amiga Goreti; su nombre: Iara. Ella era muy imprudente y burlona. Una vez, el padre Jonathan me preguntó: '¿Por qué me odia Iara?' No sabía por qué y él dijo: 'Ella no tiene nada dentro del cabello...' - Él usaba mucho la palabra cabello y el Kilden También usa mucho esta palabra, aunque no la usamos habitualmente."

Este episodio revela un hecho que se observa a menudo en los casos de reencarnación: las manifestaciones de fobia. Las fobias pueden ocurrir en relación a objetos, colores, alimentos, escenas, animales, palabras, etc. incluyendo nombres, como es el caso del episodio que aquí relata doña Marina.

11) Reconoció un fruto llamado Eugênia – Género de plantas de la familia de las mirtáceas, a la que pertenece la pinga" (Diccionario Aurélio). Este fruto abundaba en las ciudades donde vivía el padre Jonatán, RS, NP y AC. Sin embargo, no existía en las ciudades donde nacieron y crecieron Kilden y sus

hermanos. Por lo tanto, ni él ni sus hermanos habían comido ni visto jamás tal fruto. La "eugenesia" les era completamente desconocida.

Este pasaje nos fue informado en la misma carta de febrero de 1992. Aquí está:

"Otro hecho interesante fue el 30 de enero de 1992. Narraré, según mis notas:

"El jueves 30 de enero de 1992, Marciño llegó de RS a las once de la noche. Estábamos despiertos y los niños se acercaron a él.

Entonces Marciño me entregó un paquetito diciendo:

- ¿Qué es esto?

Lo abrí y, sorprendida y emocionada, casi grité: "¡Eugênias, Dios mío!"

Marciño había ganado dos eugênias enormes en RS y las trajo para que las vieran los niños. Nadie por aquí, ni en Oliva ni en SN, sabe de estas frutas. Son típicos de la región NP, RS y AC, etc. donde el clima es más cálido. Ya las conocía y, a veces, extraño el enorme árbol de la eugenesia en el patio SJ de mi Escuela Normal. Amanecieron cubiertos de rocío en el suelo.

Al día siguiente, temprano en la mañana, Kilden Alexandre me dijo:

– Hace mucho tiempo, recuerdo haber comido esa fruta.

– No, nunca comiste eugênesia. Solo yo. Por aquí no hay eugênesia.

Dijo:

– Sí, ya comí. Estoy seguro que papá la trajo hace muchos años.

– Hace muchos años tu padre no viajaba, no conocía a Eugênias y no traía nada...

– Entonces no lo sé... Pero ya comí y ha pasado mucho tiempo."

Luego, Doña Marina añadió la siguiente nota:

"Kilden no sabe que las ciudades donde viaja su padre tienen una conexión con su pasado. Aquí nadie sabe de los frutos llamados eugênias, ni tampoco Marciño. Él – Kilden –, no está al día con asuntos de la ciudad de AC, de la gente del padre Jonathan, que visitó mi esposo. Preferí no comentar, para no perturbar la espontaneidad de cualquier revelación."

Es interesante notar que Kilden, aunque aparentemente ha olvidado sus experiencias de reencarnación, todavía las mantiene registradas en estado latente. Un hecho llamativo basta para despertar, mediante asociación de ideas, aquel recuerdo mejor relacionado con el episodio. Este es un caso típico del fenómeno llamado *déjà vu*.

12) A finales de abril de 1992, mientras hacía sus deberes en el aula, pasó por la calle una ambulancia con la sirena en acción. Al oír el sonido de la sirena, Kilden se sintió invadido por una intensa emoción, una especie de pánico.

Este episodio fue narrado por doña Marina, en carta del 7 de mayo de 1992. He aquí el contenido del informe:

"Hace mes y medio, más o menos, Kilden estaba en el aula, en silencio, haciendo actividades y pasó una ambulancia con su silbido triste y agudo, a gran velocidad. Kilden se llevó la mano al pecho, palideció y dijo: ¡Qué tristeza! Incluso estoy temblando.

Algunos estudiantes dijeron:

- ¡¿Qué es esto, Kilden?! ¡Es la ambulancia del hospital!

Iban a salir al recreo y él no quería ir porque le dolía la cabeza. Dijo que estaba asustado. Por la noche, en casa, pensé en lo sucedido. Entonces decidí escribir una pequeña carta a la cuñada del padre Jonathan, tratando de saber cómo habría sido la ayuda brindada al Ppadre en el momento del accidente."

Actualmente la atención de numerosos investigadores se está dirigiendo a las llamadas *Experiencias Cercanas a la Muerte* – ECM. Estos estudios fueron posibles gracias al gran número de personas que llevaban algún tiempo "clínicamente muertas" y que podían ser reanimadas mediante técnicas de reanimación recientes. George W. Gallup y William Proctor llevaron a cabo una encuesta en los Estados Unidos en 1981 y descubrieron que, solo en ese país, ¡alrededor de ocho millones de personas ya habían experimentado una ECM!

Cada vez se publican más libros que tratan este tema. El pionero de las ECM a finales del siglo XX es el Dr. Raymond A. Moody Jr., cuyo libro *Life After Life* se convirtió en un éxito de ventas internacional.

Entre los innumerables descubrimientos realizados por los investigadores de ECM, que han causado asombro, se encuentra el hecho que algunos pacientes en estado cercano a la muerte permanecen completamente lúcidos y se sienten "fuera del cuerpo." En esta situación, empiezan a ver las escenas y objetos que les rodean. Pueden ver y oír los ruidos y conversaciones de personas cercanas e incluso a distancias considerables. Normalmente ven su propio cuerpo tumbado en la cama o en la mesa de operaciones - autoscopia. Hay muchos informes de personas víctimas de desastres que se sienten fuera de sí y algunas que incluso acompañan a la ambulancia en su camino al hospital.

Es probable que, antes de morir definitivamente, el padre Jonathan pasara por algunas fases de la ECM, viendo cómo retiraban su cuerpo en la ambulancia, cuando lo llevaban a Emergencias. Se sabe que llegó a urgencias en coma y recién falleció al día siguiente. Probablemente el lugar de su traslado y el sonido de la sirena de la ambulancia le habrían causado una fuerte impresión. En el caso de encontrarse fuera del cuerpo, como suele suceder en las ECM, habría observado esas escenas y habría registrado fuertemente tales sucesos en su memoria. El episodio del desastre estuvo asociado con el estridente silbido de la sirena y resurgió en forma de emoción y sensación de pánico en el aula, según se informó.

Tendremos la confirmación de nuestra hipótesis, en el informe de la carta de doña Marina, escrita el 8 de julio de 1993 (ver punto 19).

> 13) Kilden odia llevar el pelo recogido en las patillas. Al padre Jonathan tampoco le gustó el corte de pelo con patillas. Él tiene comportamiento idéntico al del padre Jonathan.

En carta del 15 de julio de 1992, Doña Marina relataba un episodio vinculado a este hecho. Aquí está el contenido de esta información:

> "He observado lo siguiente:
>
> Él – Kilden –, ya no recuerda las cosas que decía cuando era pequeño, no tiene recuerdos, como los tenía, de cuando era sacerdote, pero, a veces, se comporta de manera tan idéntica al padre Jonathan, que quiero llorar. Ejemplos:

a) Varias veces, al peinarlo, le jalé las patillas con el cepillo. Cada vez, se irritaba, diciendo que no le gustan las patillas y que las peinaría de manera diferente. Intenté mostrarle que se ve más bonito, etc. Él no acepta...

Una vez en el Internado, el Padre Jonathan me regaló, para que la viera, una foto muy hermosa de él (12x9, más o menos). Llevaba un traje gris, sonriente y amigable. Unas horas más tarde lo esperé, en la entrada de la Capilla, para devolverle la foto.

- ¿Te gustó? - preguntó.

– Es muy bonita, es una pena que no tengas patillas – dije.

– No me gusta llevar patillas, no estoy acostumbrado – respondió.

b) Kilden me dijo un día, cuando regresábamos de la escuela, que realmente quiere vivir en BH - la ciudad donde murió el Padre Jonathan -, pero es una ciudad peligrosa por el tráfico.

c) Sigue siendo cada vez más juguetón. Una broma irritante, como la del padre Jonathan. Pero él es más responsable y más maduro.

d) Sigue rimando palabras, cada vez más."

Vemos, a partir de estos informes, que hay evidencia que nuestro comportamiento y, en consecuencia, nuestro karma parecen estar fuertemente influenciados por nuestro pasado de reencarnación. Es posible que cada personalidad esté formada por una mezcla de herencia genética más *sankharâs*; es decir, las tendencias, cualidades y defectos adquiridos en vidas anteriores.

Fatalmente, nuestras cualidades y defectos estarán influenciados por el entorno y las personas con las que convivimos. De este intercambio de acciones y reacciones surge nuestro llamado karma. El resultado final será la modificación que sufriremos de cara al futuro, en forma de experiencia y progreso, o de estancamiento e incluso de regresión moral de una existencia. En encarnaciones posteriores continuaremos el proceso de superación que la vida nos ofrece en cada existencia, hasta que un día nos liberemos de la necesidad de renacer y regresemos al *samsarâ*; es decir, al "círculo vicioso de las sucesivas encarnaciones.

14) Según la observación de doña Marina, Kilden, a medida que madura, se parece más al padre Jonathan.

Esta observación la hizo doña Marina en su carta del 17 de octubre de 1992. Veamos el extracto en el que se refiere a esta curiosa manifestación de carácter:

"Me parece interesante que Kilden, a medida que madura, se parezca más al padre Jonathan. A veces razona y argumenta como si fuera una persona muy madura, aunque todavía es débil para almacenar las materias estudiadas en la escuela.

Está en Catecismo, preparándose para la Primera Comunión. Debido a los horarios – miércoles y sábado – a las siete y media de la mañana -, probé con otro catequista que solo daba el catecismo el fin de semana, o incluso por la tarde, después de regresar de clase. Lo he logrado. Pero él no lo aceptó, diciendo:

- No quiero dejar el Instituto (Colegio de Hermanas) ni el catecismo de Sor Alda. Las niñas no saben enseñar catecismo. Ni siquiera saben explicarlo bien y siguen fallando...

> Una mañana, no me gustó su retraso; Karine fue también a la habitación de la hermana Alda, porque Kilden pidió que se lo pasara a la hermana, porque 'solo ella sabe enseñar'. Luego fui tras ellos dos, en el Instituto. Cuando llegué, la Hermana vino a mi encuentro y me dijo:
>
>> - Tu chico es encantador: es muy responsable y siempre responde a todas las preguntas que le hago. Comenta sobre el tema y siempre está atento."

Como comenta doña Marina en su carta, Kilden se toma muy en serio la cuestión religiosa, especialmente en lo que respecta a la parte del comportamiento de las personas que, según su punto de vista, debería ser más acorde con las enseñanzas de la Doctrina.

Al mismo tiempo, ha aumentado considerablemente la costumbre del padre Jonathan de rimar palabras:

> "Ahora más que nunca rima sus palabras con mucha frecuencia. Sale de forma natural. - Él no sabe que el Padre Jonathan tenía este hábito" – dice doña Marina.

> 15) En una conversación informal, al expresar su opinión sobre la peor forma de muerte, Kilden afirmó que era ser atropellado mientras andaba en bicicleta o motocicleta.

Este episodio fue relatado en la misma carta del 17 de octubre de 1992:

> "Ayer comentábamos la muerte de Ulisses Guimarães, sobre los distintos tipos de muerte, Késsia dijo que solo tiene miedo de ser enterrada viva y tener que asfixiarse bajo tierra. Kilden, de pie en medio de la habitación, dijo:

- ¿Qué es esto, hija mía? ¡La peor muerte que puedes tener es morir por un accidente!

E hizo un gesto con las manos como si manejara una bicicleta, o una moto, abrió mucho los ojos. Y continuó:

- Vamos... y luego nos damos... y, boom... ¡al suelo!

Habló con mucha naturalidad. Késsia se fue y me dijo al oído: 'Sé que estás pensando lo mismo que yo'.

Y nos fuimos todos, sin comentarios.

Este hecho tuvo lugar ayer 13 de octubre, alrededor de las 18:30 horas."

Este episodio ilustra bien cómo el inconsciente influye en nuestras acciones. La información almacenada en los archivos mentales del espíritu y que se refiere a experiencias de vida anteriores puede, en un momento dado, emerger a la mente consciente. Para que esto suceda basta con que una idea o hecho fuertemente asociado a ellos sea invocado o provocado de determinada manera. Una conversación o situación idéntica suele desencadenar tales fenómenos de memoria por asociación.

Lo que le ocurrió a Kilden en aquella ocasión sirve como evidencia que apoya la tesis de la reencarnación. Como no ha sufrido, en su existencia actual, una situación similar a este tipo de accidente con bicicleta o moto, su actitud parece explicable por la tesis de la reencarnación: El accidente ocurrido con la personalidad anterior - el p. Jonathan -, quedó fuertemente grabado en el inconsciente espiritual de la personalidad actual - Kilden. Durante la conversación, el recuerdo de los momentos de fuerte emoción que precedieron al accidente salió a la superficie de la conciencia en forma de una expresión expresada por el niño.

16) Al ver ocasionalmente una fotografía de la región donde se ubicaban la Escuela Normal y el internado, Kilden indicó correctamente el atajo que tomaba el padre Jonathan, con el objetivo de acortar el camino, para ir de un establecimiento a otro.

Doña Marina informó, en carta de 5 de enero de 1993, el siguiente hecho:

"Cuando recibimos copias de las fotos hablando con Késsia sobre la Escuela Normal y el Internado, le mostré que estábamos pasando cerca del jardín - en la Praça dos Coqueirais -, para ir al Colegio de Hombres. Sin notar la presencia de Kilden, le mostré con el dedo hacia dónde íbamos. Luego dijo, señalando con el dedo, en medio de los parterres: 'Prefiero pasar por aquí.'

Y en realidad el padre Jonathan estaba pasando entre los parterres, cortando por el medio del jardín."

Sin comentarios...

17) Espontáneamente, sin ser inducido a ello, Kilden muestra un intenso deseo de convertirse en estudiante interno en el colegio de los Padres Salesianos.

En la misma carta del 5 de enero de 1993, Marina dice lo siguiente:

"Su mayor sueño es terminar el 4º grado para estudiar en CP, como alumno interno de los Padres Salesianos. Nadie se lo metió en la cabeza. Lleva mucho tiempo hablando del internado y, como aquí solo hay CP, quiere ganar para poder estar allí el año que viene. Pero lo siento mucho por él, porque tiene muy mal portugués y olvida fácilmente todo lo que estudia."

Es interesante observar que, al mismo tiempo que la personalidad anterior induce, en la actual, sus gustos y tendencias, choca con las limitaciones físicas e intelectuales - o más bien cerebrales -, de su equipamiento fisiológico actual.

Doña Marina se refiere constantemente a las dificultades para aprender las materias escolares expresadas por Kilden. Esto muestra que, además de un cierto nivel evolutivo del espíritu reencarnado, es necesaria una cualidad correspondiente del organismo a su disposición para expresar plenamente sus capacidades. Debe haber muchos genios "aprisionados" en cuerpos inadecuados para su manifestación.

Por otra parte, parecen existir muchos organismos perfectos, dotados de excelentes cerebros y utilizados por espíritus de bajo nivel evolutivo. Estos casi siempre resultan ser los genios malévolos de la Humanidad, quienes causan las tremendas tragedias de la Historia.

En el caso de Kilden, es posible que el accidente que resultó en la muerte del padre Jonathan por fractura de cráneo puede haber tenido alguna influencia en su estructura cerebral. El tiempo intermedio - período de estancia entre una encarnación y la siguiente -, puede haber sido insuficiente para una recuperación completa del MBO. Pero estas son solo conjeturas de nuestra parte. Además, la acción reparadora del periespíritu, ejercida por el cuerpo mental, continúa incluso después de la encarnación del espíritu. De ahí la posibilidad que las deficiencias congénitas sean superadas gracias a los recursos del mismo espíritu. (Xavier y Vieira, 1959, Capítulo II).

18) Usted mencionó el tipo de actividad de uno de los componentes del Grupo GDV que

trabajaba en la Parroquia PET de la ciudad de BH, en la época del Padre Jonathan.

Esta información se puede encontrar en la carta de Doña Marina, del 19 de abril de 1993:

> "Estábamos comentando a un grupo de jóvenes; les conté a las chicas sobre el trabajo del Masju (Movimiento Juvenil de Acción Social), en 1968, y también sobre los logros del GDV (Grupo para la Defensa de la Vida) de la parroquia PET, en BH, en 1968. En la GDV participaron varios seminaristas, ex seminaristas que conozco y mis primos. Yo, de NP, también participé con artículos para el periódico GDV, escritos por mi primo.
>
> No supe nada más de los participantes en el GDV - todos jóvenes en 1968 -, excepto de aquellos que eran familiares. Y, recordando a cada uno y su rol en el grupo, cuando mencioné a Omeles, Kilden dijo: 'Ese era un cantante'.
>
> Me impresionó, porque Orneles era realmente un cantante. Las canciones del grupo fueron escritas por él, al igual que los ensayos y el canto en la capilla (en BH). El GDV operaba en las favelas, construía chozas para los pobres, luchaba por los derechos humanos... Mi primo fue arrestado varias veces porque encontró terrenos baldíos y construyó allí una choza para los que no tenían.
>
> En 1969, el padre Jonathan fue a BH y trabajó con varios grupos en las favelas. Creo que conoció a Orneles. En 1969 todavía existía GDV. Lo interesante es que, cuando algo tiene significado, sale con mucha espontaneidad y certeza, de acuerdo con las otras revelaciones que Kilden hizo anteriormente."

El caso de Kilden es rico en estas manifestaciones de recuerdos fragmentarios que surgen de la asociación de ideas. Hechos como este ayudan a explicar el mecanismo de la evolución del espíritu, a través de la adquisición de cualidades, a través de la educación y la experiencia adquirida a lo largo de las encarnaciones.

> 19) Cuando escuchó comentarios sobre una persona que había muerto a causa de una fractura de cráneo provocada por una caída de una escalera, Kilden comenzó a explicar cómo una víctima muere en estas condiciones. Al hacerlo, Kilden describió correctamente algunas de las fases de una ECM, sin haber leído ni visto previamente ninguna información en televisión o cine sobre estas situaciones que preceden a la muerte de determinados individuos.

Esta interesante información se puede encontrar en la carta del 8 de julio de 1993, escrita por doña Marina. Aquí está el texto completo de esta comunicación:

> "Ayer perdimos a un conocido perteneciente al 'Instituto Histórico y Geográfico', de 74 años. Por la noche, Marciño y yo hablábamos de los últimos momentos de una persona, especialmente cuando muere, según nuestro amigo del Instituto: puso una gran escalera hasta la terraza y la escalera cayó con él. Se fracturó el cráneo en cuatro lugares, inmediatamente entró en coma y murió cinco días después.
>
> Kilden luego explicó: Es así: la persona herida llega y es colocada en una habitación llena de dispositivos. Los médicos encienden el equipo... - En ese momento llegó el colega de Marciño y los dejamos a los dos en la habitación. Una vez en la sala, dejé que

Kilden continuara con el tema. Luego dijo: Los dispositivos están conectados al pecho y la cabeza y los médicos intentan salvar la vida de la persona. En ese momento, la persona flota en un rincón del techo, observando a los médicos luchar por salvarlo. Entonces, apareció un gran agujero como un embudo, en la esquina de la pared, cerca de mí y quiso succionarme...'

– ¿Chupándote a ti o a la persona herida? - Le pregunté.

Él, muy sorprendido, me dijo:

– ¡Vaya, creo que fui yo! ¡Vi mi cuerpo y a los médicos tratando de salvarme!

– Debe ser alguna película que viste – dije – o algún sueño que tuviste.

Sin embargo, afirmó que nunca había visto una película como ésta, que podía preguntarle a Kessinha

Ambos siempre la ven juntas, porque tienen miedo...

- Entonces, ¿qué pasó con la persona herida? - Le pregunté.

- Cuando fue succionado por el agujero, a través del túnel vio un destello muy fuerte al final, que incluso giré la cabeza hacia un lado, esa luz era tan fuerte. La luz era muy brillante y el agujero se cerró detrás, cerca de la pared. En ese mismo momento, los médicos vieron que la pantalla de un dispositivo se detenía... Todos los dispositivos dejaron de funcionar.

– ¿Y cuándo soñaste todo esto?

- No soñé. Tengo miedo de lastimarme la cabeza... pero vemos a los médicos... ¡Ah! Cuando el agujero absorbía a la persona, los dos médicos más importantes se acercaron al paciente."

Doña Marina Waterloo, al comentar este episodio de recuerdos fragmentarios provocados por la asociación de ideas por parte de su hijo Kilden, afirmó que esta es la segunda vez que se refiere a una sala de UCI. Aquí están las palabras de doña Marina:

"El Dr. Hernani, es la segunda vez que se refiere a una sala como ésta, ahora después de una de grandes dimensiones. Solo que esta vez su informe fue muy detallado. Y quedó tan impresionado por la muerte del hombre que cayó por las escaleras que ya no sube a la terraza a volar la cometa." Carta del 8 de julio de 1993."

Doña Marina nos envió, junto con esta carta, un dibujo esquemático realizado por el propio Kilden que ilustra la escena del intento de recuperación de una víctima de fractura de cráneo en una UCI. Lamentablemente el dibujo no se puede reproducir. Sin embargo, el esquema ilustra bastante fielmente lo que es una escena parecida. Puedes ver un gran rectángulo que representa el recinto. En el lado izquierdo, dentro del rectángulo, se puede ver un rectángulo más pequeño - la cama -, con la figura de una persona acostada en posición supina. Detrás de la cabecera de la cama están representados los dispositivos, el primero conectado mediante cables a la cama donde se acuesta el paciente. Al lado de la cama, hay dos pequeños puntos oscuros que representan a los médicos. En la parte superior, a la derecha del rectángulo mayor, aparece una figura en espiral, simulando la forma de un embudo, que parte de la esquina interior y continúa hacia el exterior. Es el agujero o túnel al que se refería Kilden y que "lo absorbió." Al final del túnel, hay una representación de la "luz muy intensa" que dice haber visto.

Por el comportamiento normal de Kilden, queda claro que no podría haber obtenido información tan detallada sobre una ECM. Debe tener poca utilidad para leer este tipo de literatura, ya que tiene dificultades para aprender gramática. Además, le gusta más el entretenimiento callejero con los chicos de su edad: jugar a la pelota, volar cometas, etc. No es un erudito y mucho menos un amante de los libros. Respecto a la posibilidad de haber obtenido información a través de la televisión o el cine, doña Marina afirma que esa no fue la fuente de información. Lo único que queda es el surgimiento del recuerdo del hecho, que quedó grabado en su memoria inconsciente de reencarnación. Esta nos parece la explicación más plausible.

20) Kilden demostró que recuerda detalles de la época y los lugares que rodeaban la escuela de las Hermanas donde doña Marina estudió y conoció al padre Jonathan. Algunos de estos detalles ya habían sido borrados de la memoria de doña Marina. Carta del 20 de octubre de 1993.

En la carta antes mencionada, doña Marina relata el episodio en el que Kilden, al revisar algunas fotos, comentó detalles que ya no recordaba, relacionados con la escuela de las Hermanas donde estudió y conoció al padre Jonathan. Aquí está, íntegramente, el extracto de esa carta en la que ella cuenta la historia:

"Solo trato de llamar su atención sobre aquellos comentarios de Kilden que estoy absolutamente segura que no fueron escuchados por él, o que nunca he comentado aquí en casa. Pues bien, en esa foto de Coqueirais, donde aparece el colegio de las Hermanas, aparece también, en uno de los patios del colegio, un árbol de eugênia. Conocíamos el patio de Eugênias como el patio de SJ. Los años han borrado de mi memoria un detalle de este patio, que seguí recordando como el patio de

SJ; que no era un patio de recreo; que estaba llena de parterres de flores, con el gran árbol de eugênia en el centro; que tenía la puerta abierta a mi salón de clases - segundo año -; una puerta al refectorio de las Hermanas y otra al nuestro, que no se utilizaba; tenía escaleras para... - ya no lo sé -, el dormitorio de las Hermanas. Tenía pasos hacia el gran patio, el lavadero y parte del patio trasero. Recuerdo todo esto. Pero lo más sorprendente es que Kilden recuerda precisamente lo que yo ya no recuerdo. Deben haber pasado como dos meses, más o menos, al revisar las fotos, dijo: 'Aquí cerca de esas frutas, había una cueva, no era realmente una cueva, era algo así como un hueco, que estaba cerca del árbol. ¿Recuerdas, mamá? Era gris y estaba vallado.' Entonces recordé la existencia de algo parecido a la eugênesia, pero no podía recordarlo exactamente. Una tarde busqué a sor Luzia - una monja salesiana, ya muy mayor. Sor Luzia vivía en el Colegio de las Hermanas de NP, cuando yo estudiaba allí. Le pregunté a sor Luzia si había una cueva en el patio de Eugenias. Ella me dijo que no; que allí estaba la imagen de SJ, sobre un pedestal muy alto, rodeado, alrededor, con una pequeña entrada. Me dijo que estaba rodeado de madera. Entonces recordé que este parque parecía tener forma de raíces y ella lo confirmó. Teníamos dudas sobre si el recinto era realmente de madera. Le pregunté sobre el color del SJ y del parque y ella respondió que eran blancos y que se habían enmohecido y oscurecido con el tiempo. Cuando dejé a sor Luzia, con un esfuerzo de memoria, recordé incluso los detalles grisáceos del parque - tenía raíces trenzadas, terminando en una punta puntiaguda, donde estaba la pequeña entrada – el de SJ. Los trozos de la valla eran redondos y rústicos, parecidos a gruesas enredaderas, en las que aun quedaban marcas puntiagudas de algún segmento. En la parte trasera, el parque era más alto, bajando a ambos lados de la entrada."

Más adelante, doña Marina concluye señalando que, si hubiera animado más a Kilden a revelar su pasado, tal vez habría obtenido una cantidad mucho mayor de pruebas:

"Habría sido un asunto rico si hubiera hecho un buen uso de él, cuando comenzó, alentando las revelaciones de Kilden."

EXTRACTO DEL CUESTIONARIO

Con motivo de nuestra visita a la familia de Kilden, el 24 de julio de 1994, en São João del Rei, Minas Gerais, además de las diversas consultas realizadas a familiares conocidos, presentamos un extenso cuestionario a doña Marina Waterloo. Como es muy largo y contiene varias preguntas redundantes en relación con las revelaciones ya contenidas en el informe y en las cartas de doña Marina, transcribiremos solo lo que nos pareció más interesante y sin precedentes.

Enumeraremos las preguntas de mayor interés y sus respectivas respuestas, luego agregaremos nuestras observaciones y comentarios, si es necesario.

Inicialmente se buscó obtener la descripción más fiel posible del episodio en el que el pequeño Kilden reveló de manera decisiva que había sido el padre Jonathan.

Pregunta no. 1 – "Dejó a Kilden en la cama, medio desnudo, y se fue a la otra habitación a escribir lo que había dicho…"

P – ¿Tendría usted, Doña Marina Waterloo, las notas que tomó en su momento? Si es así, ¿sería posible proporcionarnos el original o la fotocopia?

R – Tan pronto como limpié las notas que tomé apresuradamente en ese momento, las rompí. Las copié tal como fueron escritos, y fueron escritos de la misma manera como lo dijo Kilden:

- ¿Lo sabes? Iba en moto. Luego vino un camión y se estrelló contra mi motocicleta. Caí con la cabeza en el suelo y morí. ¡Fui al fondo y luego encontré otro yo!

Dijo todo, con los ojos muy abiertos, haciendo muchas expresiones en el rostro, para explicar. Y repitió, sujetándome la barbilla con las manos:

- ¡Después que me sumergí profundamente en el agujero, encontré otro yo!

Y escribí más:

Le pregunté cuándo pasó eso y me respondió:

– ¡Cuando era sacerdote! Mi moto se cayó al suelo y yo me fui al fondo, al agujero... ¡y encontré otro yo!

Pregunta no. 2 – Respecto al mismo episodio, ¿recuerda señora cuál fue la fecha en la que usted estaba bañando a Kilden?

R – Fue en 1983. No sé la fecha. Quería celebrar algo, ya que había enviado a Kildary al bar de uno de los sobrinos de mi marido para comprar una botella de champán - tal vez agosto o el 11 de noviembre.

Pregunta no. 3 – ¿Sigue vivo el señor Jota Bueno?

R – El Sr. Jota Bueno falleció en 1985, después que nos mudamos a JS.

Pregunta no. 4 – ¿Sigue vivo el señor JS Pereira?

R – También falleció el señor JS Pereira. Murió antes que el señor Bueno.

Observación del autor: Estos dos señores eran los líderes del Grupo Espírita en la ciudad donde, en ese momento, vivía doña Marina y su familia. Fueron ellos quienes doña Marina apeló para obtener una explicación sobre la revelación hecha por su hijo Kilden. (ver Informe).

Pregunta no. 5 – Durante el embarazo de Kilden:

P – ¿Tuviste antojos de ciertos tipos de alimentos?

R – Sí. La mayor parte del tiempo solo comía ensalada de patatas, lechuga, tomate y pepino. Todo con pan, pero nada de huevos ni carne. También usé una verdura - similar a la col rizada -, llamada mostaza, que ya no me gusta.

Siempre me han gustado las patatas fritas. Nunca me gustó en ensaladas, pero durante este embarazo me gustó y en cuanto pasó la regla dejó de gustarme otra vez.

Nota del autor: El Prof. Dr. Ian Stevenson registró, en algunos casos de reencarnación, que las preferencias alimentarias de las mujeres embarazadas coincidían con las de la personalidad anterior. (Stevenson, 1987, p.195).

En carta del 5 de julio de 1991, doña Marina informa que su marido, siendo viajero, solía ir a la ciudad natal del padre Jonathan. Una vez allí buscó a la familia del sacerdote, siendo recibido muy cordialmente por su hermana y su sobrina. He aquí el extracto de la carta en la que doña Marina se refería a este episodio:

> "Mi esposo les dijo que tiene un amigo que está escribiendo algo sobre el padre Jonathan y que le gustaría obtener información sobre su infancia y su vida. Estaban encantados con la idea, pero tenían poco que decir. Dijeron que al padre Jonathan le gustaban mucho las verduras, principalmente

tomates - Kilden Alexandre come tomates puros. A veces, incluso antes de preparar la ensalada, los toma, los lava y se los come. Pero si tienen condimentos no los come."

En el presente caso, hubo confirmación de las observaciones del Prof. Dr. Ian Stevenson, sobre los deseos alimentarios de las mujeres embarazadas. Aunque no hay evidencia suficiente para establecerla como una ley inductiva y general, en el caso de Kilden parece que existe una relación significativa en esta coincidencia de las preferencias alimentarias de doña Marina, durante el embarazo, con las del padre Jonathan en vida. Este hecho añade otro punto más a la evidencia a favor de la hipótesis que Kilden era la reencarnación del padre Jonathan.

Pregunta no. 6 – Durante tu embarazo, ¿extrañaste más al padre Jonathan?

R – Lo extrañé más seguido, no. Me sentí muy agradecida, ya que le había pedido a su alma que me ayudara a aprobar el Concurso del Instituto de Funcionarios Públicos del Estado de Minas Gerais – IPSEMG. Pasé primero y celebraron una misa por su alma. Poco después descubrí que estaba embarazada.

Pregunta no. 7 – ¿En tus sueños predominaron escenas vinculadas a la persona del adre Jonathan?

R – No, no soñé con él.

Pregunta no. 8 – ¿Cómo fue tu embarazo cuando esperabas que naciera Kilden?

R – Fue el embarazo más fácil, ya que no tuve ningún problema de salud. Kilden nació incluso antes que llegara el médico.

Pregunta no. 9 – ¿Los períodos de embarazo de los otros niños fueron muy diferentes?

R – Sí. En todos los demás estuve muy enferma.

Pregunta no. 10 – ¿Alguno de los otros niños habría demostrado algún comportamiento, o habría declarado que se trataba de alguna otra personalidad, o del padre Jonathan?

R – No; ninguno de ellos.

Pregunta no. 11 – Doña Marina, ¿todavía tienes sueños en los que ves al padre Jonathan?

R – Acabo de tener un sueño con él.

Transcribo aquí lo que anoté el 27 de agosto de 1991:

> "Hace como dos meses, cuando Marciño y yo éramos muy duros con Kilden, por su mal comportamiento, por su terquedad, soñé que el padre Jonathan salía de mi armario, vestido con una sotana negra, y decía: 'estoy sufriendo. ¡Mucho!' Me desperté asustada y, a mi lado, Marciño, despertándose también, me dijo: 'Marina, creo que debemos tener más paciencia con Kilden. Necesitamos hablar con las chicas para que puedan colaborar. Está muy solo... ¡Todo esto es extraño! ¿Por qué en el momento exacto en que terminé de soñar, él también se despertó y dijo algo tan significativo sobre Kilden? Marciño no cree en esta historia de la reencarnación, ni tampoco en el p. Jonathan..."

Pregunta no. 12 – ¿Cómo son tus sueños con Kilden?

R – Son sueños tristes. He soñado algunas veces que estaba llorando, porque Kilden había muerto y nosotros, Marciño y yo, no habíamos hecho nada para salvarlo de la muerte. Una vez soñé que caía al río y Marciño, desde lo alto de un barranco, lo miraba y sonreía.

Llegué desesperada, peleando con él. Y me desperté.

La mayoría de mis sueños sobre Kilden suceden rápidamente, por ejemplo: Él cae en un hoyo y yo me despierto asustada; él muere y yo me desespero, grito, pienso que soy culpable y me despierto.

El peor sueño fue el siguiente: entré en un pequeño cementerio y vi a un anciano revolviendo la tierra con una azada. Luego, dirigiéndome a Marciño, que se había aparecido cerca de mí, dije: "Pobre Kilden, duró tan poco... y no tuvo ningún consuelo en esta vida..."

Era la tumba de Kilden la que el hombre estaba cavando. Tierra seca, despejada y todo muy triste. Marciño me respondió:

"Era mejor así."

Este fue el peor sueño. Tengo mucho miedo que suceda."

Pregunta no. 13 – ¿Kilden te cuenta sus sueños? ¿Con qué sueña más a menudo?

R – Sueña más a menudo con motocicletas. Él siempre lo cuenta, pero no se lo cuenta a todo el mundo, solo me lo cuenta a mí.

No hace mucho, el día antes de los exámenes, fui a despertarlo temprano para estudiar. Cuando despertó, me dijo asustado:

- ¡Me alegro que me hayas despertado antes del accidente!

- ¿Qué accidente? - Le pregunté. Luego dijo, estirándose en la cama:

– ¡Guau! Soñaba que estaba entre muchas monjas reparando mi motocicleta. Simplemente lo arreglé y me fui, casi volando. ¡Cuando estaba a punto de chocar contra un camión, me despertaste!

Contó el sueño varias veces durante el día.

Observaciones del autor:

– Estos sueños de Kilden tienen todas las características de un recuerdo de reencarnación. En nuestra experiencia con casos de reencarnación, nos hemos encontrado con este tipo de recuerdo a través de sueños repetitivos. Estos se llaman sueños recurrentes.

Sin embargo, conviene no dejarse engañar por ciertos sueños que podrían malinterpretarse. En estos casos falsos, lo más común es que la persona crea que fue un personaje famoso de la historia.

Los sueños recurrentes que hemos comprobado cuidadosamente y que hemos llegado a la conclusión que son evidencia de recuerdos de reencarnación, son como los de Kilden. Pueden existir recuerdos de escenas anteriores, vinculadas a los dramáticos acontecimientos que en ocasiones provocaron la muerte de la personalidad anterior. (Playfair, 1976, págs. 55 y 56; 171-172).

Pregunta n.14 – ¿Cómo ve su situación ahora, cuando tiene tantas pruebas que su hijo es la reencarnación del padre Jonathan?

R – Lo afronto con mucha responsabilidad y también con mucha vergüenza. Sé que el padre Jonathan merecía renacer en un hogar mejor que el mío, con un cierto confort y una convivencia más activa en el entorno social, una cierta participación, para que él – Kilden –, pudiera tener un desarrollo tal que lo llevara a continuar con las actividades de su vida anterior, aunque no fuera sacerdote. Una obra de gran valor para los pobres, como lo hizo el padre.

Pregunta no. 15 – ¿Aun extrañas al padre Jonathan?

R – Sí. Principalmente, cuando noto algo en Kilden, actitud similar a la del padre. Ya no tengo ese anhelo inconsolable que tenía en el pasado; es algo diferente; un buen recuerdo, lleno de comprensión y encanto hacia la vida.

Pregunta no. 16 – ¿Te sientes satisfecha sabiendo que ahora es tu hijo?

R – A veces sí, porque ese vínculo de cariño que nos unía traspasó los límites de la muerte y la materia, renaciendo en un niño dulce y afectuoso, que es mi hijo.

Otras veces no siento satisfacción por varios motivos:

i) Kilden, de vez en cuando, provoca malentendidos entre mi marido y yo.

Estas son cosas que puedo superar, principalmente porque entiendo un poco sobre las leyes de la reencarnación.

ii) A pesar de hacer enormes esfuerzos para llevarse bien con Kilden, Marciño todavía tiende a ser demasiado duro con él, maltratándolo. A su vez, para evitar que su padre lo golpee, yo mismo me impongo un castigo... Entonces, sobreviene la confusión, ya que Kilden, sin entender nada, dice: "Ahora es mamá, quien está invocando conmigo, incluso antes que papá comenzara. ..."
Son momentos difíciles, que no dan muchas satisfacciones...

Pregunta no. 17 – ¿Preferirías que no se hubiera reencarnado en tu hijo?

R – Estoy muy feliz así. Sé que tengo una misión muy importante y temo no tener fuerzas para responder a las innumerables gracias que el plan divino pone en mi camino.

Pregunta no. 18 – ¿Te gustaría ignorar el hecho que Kilden es la reencarnación del padre Jonathan?

R – Intenté, durante algunos años, ignorarlo. Prefería pensar que mi mente nostálgica había influido en un niño tan pequeño, al punto de decir tales cosas...

Hoy sé que, sola con el tema para mí sola, fingiendo que tal tema nunca existió, no podría superar todo lo que he ido superando.

Revelar la historia de Kilden, durante una clase impartida por el Sr. Luís Brasil, solo para saber cuál era su opinión, fue de gran beneficio para todos nosotros, especialmente para Kilden y para mí.

Digo esto porque, al comprender mejor de dónde vino Kilden, cómo era y qué podría ser, puedo tomar medidas para guiarlo en este mundo. Si ignorara esta reencarnación, tal vez Kilden estaría sufriendo debido a las dificultades que enfrenta para retener lo que le enseñan. Hoy sé que no se trata de pereza. Una fractura de cráneo en una encarnación anterior puede provocar cualquier discapacidad en otra encarnación.

✳ ✳ ✳

Con esto terminan las respuestas dadas por doña Marina Waterloo al cuestionario que le presentamos. Sus respuestas fueron espontáneas y sin subterfugios, incluidas algunas que tocaron temas más íntimos.

Esta singular historia de amor asume, en algunas de sus partes, tal dramatismo que puede dar la impresión de una novela de ficción… Sin embargo, el documental que tenemos y que tenemos ante nuestros ojos, es más que suficiente para convencer a cualquier persona libre de prejuicios religiosos o doctrinarios, de los cuales se trata de un drama único tejido con inusual habilidad por el destino mismo.

Analizando más de cerca esta historia única y agregando, a la información aquí presentada, otros detalles que, por razones éticas, no pudimos exponer a los lectores, vemos que el presente caso es el vínculo probable con un drama muy dramático y extenso. Quizás toda la historia ya haya estado rodando como un enorme maremoto a raíz de la turbulenta estela del pasado, durante muchos, muchos años, para alcanzar gradualmente etapas de menos violencia y menos sufrimiento, como los frentes de encaje y espuma de las olas que se rompen suavemente. en la arena de las playas...

Dejemos estas reflexiones para unos instantes más y volvamos al objetivo de esta monografía. Analicemos el presente caso a la luz de otras hipótesis de trabajo distintas a la reencarnación. Intentemos evaluar la hipótesis de la reencarnación comparándola con las más comunes, generalmente invocadas para explicar casos similares al presente. De esta comparación obtendremos una medida del valor de la hipótesis de la reencarnación como explicación del caso Kilden.

Capítulo III Hipótesis explicativas de los recuerdos y el comportamiento de Kilden Alexandre

"Pensamos que dependemos del cuerpo para existir, pero lo que sucede es exactamente lo contrario: el cuerpo depende de nosotros (de lo que realmente somos – para existir). Y cuando dejamos ese cuerpo atrás, inmediatamente se convierte en un desperdicio y un problema del que debemos deshacernos."

Levin, 1992

La idea de la reencarnación es muy antigua. Es parte de los dogmas y enseñanzas de casi todas las religiones principales, con excepción del catolicismo y el protestantismo, aquí en Occidente. A pesar de la amplia difusión, en el tiempo y el espacio, de las doctrinas reencarnacionistas, aun persiste una resistencia sistemática y generalizada a su aceptación. Sin embargo, esta dificultad para admitir la realidad de la reencarnación ha disminuido un poco debido al surgimiento de psicoterapias basadas en la regresión a vidas pasadas. A pesar de los éxitos alcanzados por los practicantes de este tipo de terapia, todavía hay quienes se resisten a admitir que los buenos resultados obtenidos en estas técnicas regresivas son en realidad evidencia a favor de la reencarnación.

Esta misma desgana se observa también en los casos de niños que dicen recordar sus vidas anteriores. Como justificación para apoyar este escepticismo persistente, se evocan varias explicaciones para las manifestaciones mnemotécnicas de esos pacientes. Analizaremos los más comunes y veremos si pueden aplicarse al presente caso. Aquí están, uno por uno:

FRAUDE DELIBERADO

Ésta es la primera hipótesis evocada por los escépticos, especialmente cuando los casos de esta categoría están fuertemente respaldados por abundante evidencia. La idea de la animación de la personalidad después de la muerte del cuerpo físico está tan arraigada en ciertos individuos que incluso si se les presentan hechos, los más convincentes, favorables a la tesis de la supervivencia, tales personas son incapaces de superar su propia incredulidad. La reencarnación implica supervivencia después de la muerte. Por tanto, el primer obstáculo para su aceptación es la necesidad de admitir la continuidad de la vida después de la muerte.

La idea de la reencarnación, a su vez, es negada e incluso rechazada por ciertas religiones, especialmente las judeocristianas, aquí en Occidente. De esta manera, incluso si una persona acepta la vida después de la muerte, si profesa alguna de estas creencias religiosas, es muy probable que se oponga a aceptar la reencarnación como explicación para los casos de la categoría que presentamos. Entonces, la primera justificación, ante los hechos, es negar su autenticidad, considerando la posibilidad de fraude.

Intentemos descubrir qué justificaría un fraude y, también, la insistente manifestación y afirmación de un fraude o falsedad en casos similares al que presentamos. Supongamos que doña Marina Waterloo, personalmente o presionada por su familia, estuviera intentando alcanzar algún tipo de notoriedad. Esta hipótesis se viene abajo inmediatamente, pues doña Marina Waterloo nos pidió, personalmente, tomar todas las precauciones para protegerla a ella, a su familia y a la del padre Jonathan, de la publicidad y de la identificación de los personajes de este caso con los de la vida real. Incluso los nombres de los lugares y las personas involucradas en esta historia fueron camuflados y cambiados a propósito para este propósito.

Además, la familia de doña Marina muestra muy poco interés e incluso una discreta oposición a la divulgación de este caso. La mayoría de los hijos de doña Marina y, especialmente, su marido son católicos practicantes. El primogénito de la pareja es un seminarista a punto de ser ordenado sacerdote católico. Todas estas circunstancias eliminan la hipótesis de presión familiar, además de justificar el comportamiento cauteloso de doña Marina.

Consideremos entonces la posibilidad que exista un secreto oculto, de interés financiero. Esta hipótesis es la menos sostenible dada la utópica posibilidad de obtener abundantes réditos literarios en nuestro país. Nos parece que, salvo muy pocos casos excepcionales, en Brasil hay posibilidades muy remotas que alguien obtenga ingresos valiosos como escritor. Además, al autorizarnos, por escrito, a incluir su excelente informe en este trabajo, doña Marina también renunció a todos los derechos de autor. Es más, ¡lo hizo de forma espontánea sin más requisito que pedirnos que mantuviéramos su propio anonimato! De ahí el seudónimo de Marina Waterloo.

También vale la pena recordar que doña Marina nunca intentó contactarnos ni a ninguna otra organización de investigación paranormal con el objetivo de darle a este caso un tratamiento científico. Quien tuvo esta iniciativa fue el Sr. Luiz Antônio Brasil. Sorprendió a doña Marina quien supo más tarde que casos similares ya han sido estudiados con criterios rigurosamente científicos y sin implicaciones religiosas. Solo después de su relación con el Sr. Luiz Antônio Brasil comenzó a entrar en contacto con esta área de investigaciones parapsicológicas.

Por lo tanto, no habría tenido el tiempo ni la capacidad técnica para desarrollar una trama tan coherente, simplemente buscando algún tipo de notoriedad, o para promover la difusión del "Espiritismo científico", creando una ficción bien elaborada sobre la reencarnación.

Doña Marina es de origen exclusivamente católico en cuanto a su origen cultural y religioso. Su marido y sus hijos son católicos practicantes, incluido Kilden Alexandre. Nos parece obvio que no debería ser lógico por su parte crear una ficción de esta magnitud, con el objetivo de hacer proselitismo a favor de una idea tan heterodoxa y tan ajena a su bagaje religioso. ¿Por qué? ¿Por qué razón?

Si existe alguna otra razón lo suficientemente fuerte como para sustentar la hipótesis del fraude, confesamos que la ignoramos por completo e incluso agradeceríamos conocerla. Sin embargo, fruto de nuestra relación personal con doña Marina Waterloo y su familia, podemos garantizar, sin ningún temor, que son personas de la mejor calidad en cuanto a honestidad, amabilidad y modestia. Serían incapaces de cualquier falsedad.

INFORMACIÓN DIRECTA Y CRIPTOMNESIA

Criptomnesia (del gr. Kryptos = oculto; y mneme = memoria) significa literalmente memoria oculta. En Parapsicología significa: la posibilidad de registrar en nuestro inconsciente toda la información captada por los sentidos; incluyendo información que no fue percibida conscientemente. También se incluyen hechos vistos y experimentados que aparentemente han sido borrados de nuestra memoria consciente o subconsciente. En determinadas circunstancias, el recuerdo de información captada de forma subliminal, o que fue completamente olvidada, puede aflorar en la mente consciente. En esta situación particular, una persona puede tomar conciencia de hechos e ideas que aparentemente nunca experimentó ni aprendió. Esta hipótesis combinada - información directa y criptomnesia -, podría servir para explicar casos de "aparente recuerdo de la reencarnación."

En el caso de Kilden Alexandre, cuando era muy joven, pudo haber escuchado comentarios detallados sobre el padre Jonathan. El niño, aunque muy pequeño, habría registrado inconscientemente dicha información, que quedaría en forma de "memoria oculta" - criptomnesia. Cuando comenzó la fase elocutiva - la capacidad de expresarse con palabras -, el niño repitió lo que había oído y registrado en su inconsciente, provocando ese asombro en su madre. A partir de entonces, los comentarios reforzarían la carga de información, y provocarían cada vez más la manifestación del fenómeno.

Esta categoría de explicación es fácilmente aceptada, por su ingenio y apariencia de lógica, sencillez y aspecto científico. Llega a considerarse irrefutable e incluso obvio, del tipo "huevo de Colón."

Sin embargo, sería difícil defenderlo a la vista de los hechos aquí analizados. Si la criptomnesia funcionara tan fácilmente, no habría más personas analfabetas e ignorantes en el mundo.

Otra objeción grave que debe considerarse en el presente caso es la del significado de las palabras. Una palabra no consiste simplemente en un sonido articulado. Para que produzca el efecto de información, debe estar asociada a un hecho percibido y constituir un reflejo del segundo sistema de señalización, o equivalente a otra palabra con el mismo significado para quien la escucha. Un niño muy pequeño puede registrar los sonidos y su articulación en forma de palabras u oraciones. Sin embargo, para él solo tendrá sentido cuando sea capaz de asociarlos con los hechos percibidos por sus sentidos.

Un niño muy pequeño difícilmente podría entender el significado de la palabra sacerdote, por ejemplo, sin haber visto a un sacerdote y haber aprendido a relacionar esa palabra con el individuo que viste túnicas sacerdotales. Aun más difícil sería para el niño asociar la palabra sacerdote con una situación personal: "¡Yo soy el padre!" (Ver ítem 2, de la Tabla de Primeros Recuerdos del Paciente).

Admitamos que, a pesar de todas las dificultades ya mencionadas, Kilden era capaz de tal hazaña, a la edad de dos años. Sería necesario demostrar que, de hecho, las conversaciones detalladas sobre el padre Jonathan eran, de hecho, así de frecuentes. Cuando Kilden nació, ya habían pasado ocho años desde que falleció el padre. No habría justificación para conversaciones tan recurrentes y detalladas sobre ese sacerdote, especialmente las referencias al seudónimo acordado entre él y doña Marina Waterloo: Alexandre. Fue algo íntimo entre dos personas que se querían mucho. Naturalmente, si se hiciera algún comentario sobre el sacerdote, su nombre, Jonathan y no el seudónimo Alexandre, sería el que realmente se mencionaría en las conversaciones sobre él. Entonces, ¿a dónde fue ese niño de dos años para descubrir que el padre Jonathan tenía el apodo íntimo de Alexandre? Recordemos sus expresiones (ítem 2):

"- ¡No soy Kilden, tonta! ¡Yo soy el padre! ¡Soy Alexandre!

Doña Marina desconocía tanto el extraordinario significado de aquellas palabras que declaró no haberlas interpretado en su momento. Para ella no representaban nada. Por lo tanto, no parece que sus conversaciones entonces tuvieran episodios de su época escolar y sus diálogos con el padre Jonathan son temas frecuentes. Y aunque así fuera, ¿a quién confiaría sus intimidades, hasta el punto de revelar el apodo Alexandre, pactado entre ella y el padre Jonathan?

Otro enigma sería explicar por qué Kilden, a los dos años, insistía tanto en que él era Alexandre, ¡que era el sacerdote! Es posible que la información directa y la criptomnesia no puedan explicar esto fácilmente sin hacer más concesiones a las posibilidades de esta hipótesis.

Pero admitamos que, excepcionalmente, este hecho sigue siendo naturalmente explicable, a pesar de las objeciones antes mencionadas. Aun así, enfrentaremos dificultades aun mayores. Si no, veamos:

Cuando doña Marina recibió la noticia de la muerte del padre Jonathan, la información que tenían ella y su marido se recibió por radio. Transcribimos el extracto del informe de doña Marina, que hace referencia a este episodio:

> "- Entré a la casa. Sin embargo, apenas cerré la puerta, Marciño, que escuchaba un programa en Radio Guaraní, salió a la calle y me llamó. Regresé al almacén.
>
> – ¿Cómo se llamaba ese cura, tu amigo?
>
> Me preguntó, apagando la radio.
>
> – Padre Jonathan – respondí.
>
> – Acaba de fallecer en una sala de urgencias de BH. Fue víctima de un accidente automovilístico en la Avenida Amazonina. Su condición empeoró desde ayer hasta hoy y falleció."

Ésta fue la información que doña Marina anotó en su diario privado en aquella ocasión. La causa de la muerte del p. Jonathan tuvo un accidente automovilístico.

Otra circunstancia relevante: la ciudad donde vivían ella y su marido estaba aproximadamente a 200 kilómetros de BH. El accidente no pudo haber tenido repercusiones inmediatas y luego difundirse todos los detalles, porque el padre no era tan conocido donde vivían. Por tanto, nadie podría discutir los detalles del accidente con doña Marina. Ella estaba contenta con la información del accidente automovilístico y, solo muchos años después, se enteró de los detalles del desastre, cuando buscó información, escribiendo a la Provincia SJB, en BH, donde el padre Jonathan pasó sus últimos años. Para entonces, habían pasado muchos años y Kilden tenía unos cuatro o más años. Después de un tiempo, doña Marina recibió la biografía del padre Jonathan, que contenía detalles del accidente:

> "- Yendo el 30 de mayo al Ayuntamiento para lograr alguna mejora para los barrios, en la Av. Amazonina lo atropelló un camión, la Vespa se salió de control y chocó con un Volkswagen que esperaba el paso del semáforo, cayendo sobre su cabeza en el asfalto, fracturándose el cráneo..."

Cuando Kilden, a la edad de tres años, le reveló a doña Marina los detalles del accidente que le provocó la muerte en su vida anterior, ella no conocía tales detalles. Solo sabía que el padre Jonathan había sido víctima de un accidente automovilístico. Este fue uno de los motivos que la llevó a consultar a la Inspección de la SJB en BH. Quería asegurarse de la veracidad de las explicaciones que le dieron los directores del Centro Espírita, cuando los buscó para informarles lo que su hijo Kilden le había revelado (Ver punto 3 de la Tabla de Primeros recuerdos del paciente).

En julio de 1994 aprovechamos la oportunidad para hacer un viaje a Minas Gerais, de la mano de nuestro famoso amigo psiquiatra. Le pedimos que entrevistara a la familia Kilden.

El 23 de julio realizó una entrevista filmada y grabada a doña Marina, su marido y sus hijos. Entre las preguntas que se le presentaron a doña Marina se encontraba una relativa a su conocimiento de los detalles del accidente que mató al padre Jonathan. Ella confirmó que cuando su hijo Kilden le reveló los detalles del desastre, ella no los conocía. Se enteró de su veracidad después de escribir, mucho más tarde, a la Inspección de la Congregación y, de allí, recibir la biografía del padre Jonathan.

Resulta que hay pruebas sólidas que si hubo algún comentario sobre el padre Jonathan durante los primeros tres años de la vida de Kilden, ninguno de ellos podría haber proporcionado suficientes detalles para justificar la hipótesis de información directa y criptomnesia.

Veamos a continuación otra hipótesis también evocada para explicar los casos que sugieren la reencarnación.

TELEPATÍA, ESP Y SUPER-ESP

La percepción extrasensorial (ESP) se ha adoptado como explicación de una gran cantidad de hechos en el área paranormal. Ha servido principalmente para esclarecer casos de transcomunicación mediúmnica (TCM), reduciéndolos a meras capturas telepáticas del médium, en la mente de los familiares y amigos del médium de algún personaje fallecido, que se supone se comunica a través de ese sensitivo. Fue precisamente esta hipótesis la que llevó al Dr. Joseph Banks Rhine (1895-1980) y a sus colegas a tomar una dirección diferente en la investigación parapsicológica, suspendiendo temporalmente el estudio que venían realizando sobre el material mediúmnico inicialmente sometido al análisis de aquel equipo de investigadores (Goldstein, 1985).

En casos que parecen ser reencarnaciones, como el que estamos investigando ahora, también se ha evocado con frecuencia la hipótesis ESP. Los partidarios de este tipo de explicación reduccionista consideran innecesaria la tesis de la reencarnación. Consideran que esta hipótesis requiere un principio que postule la supervivencia después de la muerte, así como la existencia del espíritu. Según los reduccionistas, ninguno de estos postulados ha sido demostrado científicamente. Por tanto, tales premisas complican la solución propuesta, ya que el método científico requiere adoptar las prescripciones de Guillermo de Ockham (1300-1349). Entre otras cosas, Ockham recomienda que las hipótesis más aceptables son aquellas que requieren el menor número de postulados o suposiciones *a priori* - la navaja de Ockham: *Entia non sunt multilicanda praeter necessitatem*. Esto significa: "Los principios no deben multiplicarse más allá de lo necesario."

Ahora, la ESP ya ha sido demostrada, experimentalmente, en el laboratorio. Por tanto, representa un hecho científico y no una suposición. La existencia del espíritu y la supervivencia, según los propios parapsicólogos ortodoxos, aun no han sido demostradas científicamente.

Por lo tanto, consideran que la explicación más simple, para los casos de manifestaciones mediúmnicas e igualmente para los "supuestos recuerdos de reencarnación", es la telepatía, o mejor aun, la ESP.

Para algunos aficionados a la Parapsicología, las explicaciones a través de la ESP van más allá, ya que admiten la posibilidad de una "super ESP." Según esta modalidad de percepción extrasensorial, no hay límites de tiempo ni de espacio para las posibilidades de cognición directa de la mente humana, simplemente a través del "super-ESP."

No queremos abusar de la paciencia del lector prolongándonos más, con el objetivo de reducir también los valores reales de estas hipótesis a sus debidas proporciones. Para aquellos que estén más interesados en este tema, pedimos permiso para recomendar la lectura de las pp. 57 a 63, de nuestra obra: *Reencarnación en el Brasil* (Matão: Casa Editora O Clarim", 1988). Para ponérselo más fácil al lector menos exigente, nos atrevemos a transcribir el siguiente extracto de la obra citada anteriormente:

"Sin duda, las posibilidades del super-ESP son fascinantes. Constituiría la clave para explicar todo y todos los hechos en el ámbito de los fenómenos psi-gamma.

Al respecto, la Dra. Karlis Osis de la Sociedad Estadounidense de Investigación Psíquica hace los siguientes comentarios:

– Una de las características más fascinantes de la ESP es que puede superar largas distancias en el espacio y aparentemente en el tiempo, penetrando en el futuro."

A continuación, Karlis Osis comenta las consecuencias de características similares, diciendo que "esta aparente soberanía de la ESP sobre el espacio y el tiempo ha excitado, durante siglos, la imaginación creativa de investigadores y filósofos. Para ellos, la ESP vista desde este ángulo "restaura al hombre gran parte de la dignidad y la grandeza perdidas en los conceptos científicos modernos de la personalidad."

Sin embargo, al igual que otros investigadores que han tenido contacto directo con la investigación de ESP, Karlis Osis se muestra escéptica ante esta cuestión:

– El problema del espacio-tiempo demostró ser (ESP) uno de los engaños más peligrosos en Parapsicología, porque tentó a los investigadores a especular mucho más allá de lo que permite nuestro conocimiento basado en hechos sobre la ESP."

Según Osis, nuestro conocimiento de los hechos relacionados con la ESP, relacionados con el espacio y el tiempo, es todavía precario. Además, estos hechos 'están entrelazados con una multitud de otras variables inseparablemente implicadas en los datos (Osis, 1965).

Karlis Osis tiene la autoridad para dar una opinión sobre este tema, porque ha realizado innumerables investigaciones sobre la influencia de la distancia en la captura de ESP. Además, se basó en muchos otros trabajos de varios investigadores y llegó a la conclusión que la distancia influye en la captura o transmisión de la ESP. Por tanto, es imprudente e inconsistente con los hechos afirmar que no existen barreras de espacio y tiempo capaces de influir en la percepción extrasensorial. La eventual manifestación de super-ESP por parte de un sensitivo excepcional solo afectaría a la agudeza de su propia función paranormal. Tendríamos una analogía sobre la capacidad de resolución de un telescopio o microscopio. Pero esto no violaría la ley física del inverso del cuadrado de las distancias, que rige la distribución de la intensidad luminosa desde un foco de luz. (Andrade, 1988, págs.60 y 61)

No pretendemos, *ab initio*, negar la realidad o el valor de la ESP, al explicar hechos paranormales similares a aquellos en los que nos centramos, incluido el caso mismo que analizamos. Ciertamente, ESP podría servir como la hipótesis más económica para algunos de sus pasajes. Entre ellos, destacamos como ejemplo los ítems 4 y 5 de la Tabla de Primeros Recuerdos del Paciente: "Reconoció espontáneamente, en una fotografía, los lugares donde, al igual que el Padre Jonathan, se había encontrado con doña Marina, durante la época escolar de las Hermanas."

En este episodio, Kilden y Kildary, su hermano mayor, recogieron una postal que se había caído accidentalmente cuando Doña Marina sacaba varios papeles de una maleta grande.

Tanto el ítem 4 como el ítem 5 podrían explicarse mediante telepatía (ESP), ya que doña Marina estaba presente cuando los niños recogieron la foto. Ella misma observó el comportamiento de los chicos que miraban la fotografía. Sin embargo, no está claro por qué solo Kilden fue el único que expresó tanto interés por las figuras, señalando incluso con el dedo los lugares más vinculados al drama vivido entre el padre Jonathan y doña Marina. Tampoco explica por qué solo Kilden, y no Kildary, "capturó" los pensamientos de doña Marina. En ese momento, doña Marina reveló que extrañaba profundamente al padre Jonathan.

Los detalles del punto 5, especialmente el diálogo de doña Marina con Kilden, se vuelve aun menos explicable por ESP. Cuando se considera las dificultades para establecer, en el laboratorio, la evidencia de la ESP, uno se siente poco inclinado a admitir tal facilidad de relación telepática, hasta el punto de permitir un diálogo. Además, para elegir la hipótesis ESP para explicar los demás elementos, tendríamos que introducir muchos más postulados a priori de los que requiere la hipótesis simple de la reencarnación.

¿Cómo se pueden explicar mediante telepatía los puntos 1, 2, 3 y 6 de la tabla de primeros recuerdos del paciente? ¿Cómo escapar de la "Navaja de Ockham" en estos episodios?

Vayamos más allá y examinemos otros detalles relevantes del comportamiento y los recuerdos del paciente. ¿Cómo aplicar ESP a los ítems 1 al 20 y, especialmente, al ítem 19? Además de la insuficiencia de ESP para explicar los ítems mencionados, parece totalmente inadecuado para aclarar casi todas las respuestas a las preguntas pertinentes en los extractos del cuestionario.

Creemos que los ejemplos presentados son suficientes para llevarnos a concluir que la hipótesis de Telepatía, ESP y Super-ESP no sirve para explicar completamente el caso Kilden. Sin embargo, si determinados individuos sufren, por ejemplo, una exposición prolongada a radiaciones de alta energía, pueden producirse cambios en los genes cromosómicos de sus células sexuales. En este caso, la aparición de personajes nuevos, favorables o desfavorables. Pero tales mutaciones serán impredecibles y no corresponderán a ninguna modificación en la forma y calidad somática de los padres.

Cuando hablamos de memoria genética, como explicación de casos que sugieren reencarnación, como el que ahora analizamos, hay que entender que pudo haber habido una transferencia hereditaria de la experiencia psíquica adquirida, de los padres a sus descendientes.

En el caso de Kilden Alexandre, por ejemplo, ¿se habrían transferido genéticamente a su hijo los recuerdos de los momentos dramáticos vividos intensamente por doña Marina?

Esta hipótesis, aunque pueda parecer absurda porque representa un intento de revalidar la teoría de Lamarck, también ha sido evocada para sustituir la de la reencarnación. Los partidarios de la explicación basada en la memoria genética se basan principalmente en la psicología animal. Al respecto, realizamos un análisis detallado en nuestro trabajo: *Reencarnación en el Brasil* (Andrade, 1988, pp.63-78). Recomendamos esta fuente de información a quienes estén más interesados en el problema. Sin embargo, nos parece innecesario repetir aquí los argumentos que utilizamos para simplemente refutar la hipótesis de la memoria genética, en la forma en que se utiliza para explicar casos que parecen ser de reencarnación.

Incluso si la memoria genética funcionara para los "caracteres psíquicos adquiridos", tal hipótesis no podría explicar ninguno de los ítems de la Tabla de los primeros recuerdos del paciente, ni tampoco los demás detalles Relevantes de la Conducta y Recuerdos del Paciente, a excepción de los ítems 8, 11, 16, 18 y 20. Por lo tanto, consideramos completamente innecesario insistir en este tipo de explicaciones, ya que no son en absoluto útiles para el presente caso.

Pasemos entonces a la siguiente hipótesis.

INCORPORACIÓN MEDIA

Esta explicación podría ser propuesta por espiritistas o parapsicólogos que ya aceptan la existencia y la comunicabilidad de los espíritus, pero que no admiten la reencarnación, en general, ni, en particular, en el presente caso de Kilden Alexandre.

La hipótesis de la incorporación mediúmnica podría explicar varios ítems de las tablas de memoria y conducta del paciente. Sin embargo, sería necesario que el fenómeno de incorporación, que finalmente ocurrió con Kilden, asuma características inusuales de posesión permanente y ausencia de síntomas de un trance de estas proporciones.

Tenemos una larga experiencia personal - alrededor de 50 años -, en el tratamiento del fenómeno de la incorporación mediúmnica. En general, este acontecimiento va acompañado de cambios típicos en la personalidad y la postura del médium, que lo hacen fácilmente identificable. Las descripciones proporcionadas por doña Marina, sobre los episodios ocurridos con Kilden, cuando más se identificaba con el difunto padre Jonathan, no caracterizan, en modo alguno, una incorporación mediúmnica. Incluso en los momentos en que afirmó ser el sacerdote y se llamó a sí mismo Alexandre, solo se puede percibir el comportamiento de un niño en la fase confusa de los recuerdos de la reencarnación. Si se tratara de una incorporación mediúmnica, actuaría como un adulto y diría: "Soy el padre Jonathan" – y nada más, además de permanecer tranquilo y sin manifestaciones de irritación. (Ver ítems 1 y 2 de la Tabla de Primeros Recuerdos del Paciente).

El diálogo entre Kilden y doña Marina, durante el episodio del baño (punto 3 del mismo cuadro), es un diálogo perfectamente típico entre un niño en estado normal y su madre. El lenguaje utilizado por Kilden muestra claramente la forma que utilizaría cualquier niño de tres años para explicar el suceso, en esas condiciones y con el limitado vocabulario disponible. De ninguna manera caracteriza la comunicación de un adulto incorporado a un médium. Se habría identificado como el padre Jonathan y habría utilizado otro idioma. Además, no utilizaría la expresión: "Cuando era sacerdote..." sino: "Cuando morí y me llamaba padre Jonathan, etc. etc." Si hubiera interés por su parte en identificarse y comunicarse con doña Marina, sería más lógico que lo hiciera, presentándose con su verdadera identidad, y no como un niño, tratándola incluso como a una madre.

La hipótesis de la incorporación mediúmnica tampoco explica los demás ítems de la citada Tabla de los primeros recuerdos del paciente.

En cuanto a otros detalles relevantes del comportamiento y recuerdos del paciente, sería necesario que ocurriera una posesión permanente, por parte del espíritu del padre Jonathan, en el cuerpo de Kilden. Semejante suposición no resiste la lógica más elemental.

Además, durante nuestra visita a la familia del paciente, tuvimos la oportunidad de pasar un tiempo con el joven Kilden. Luego pudimos observarlo durante mucho tiempo. No revelaba ni el más mínimo signo de mediumnidad y mucho menos de estar potencialmente poseído. Resultó ser un chico vivaz, inteligente y absolutamente normal.

No creemos que la hipótesis de la incorporación mediúmnica sea adecuada para explicar el caso de Kilden Alexandre.

REENCARNACIÓN

La creencia en la reencarnación requiere que se admitan dos premisas:

1) La supervivencia del Espíritu después de la muerte del cuerpo físico.

2) El regreso del espíritu a la vida corporal, mediante un nuevo nacimiento.

La negación de la primera condición elimina la posibilidad de aceptar la segunda. Sin embargo, puede suceder que las personas crean en la supervivencia después de la muerte, sin creer en la posibilidad que el espíritu regrese a la vida a través de un nuevo nacimiento aquí en este mundo.

En estas circunstancias no hay manera de demostrar científicamente la realidad de la reencarnación, basándose únicamente en principios teóricos. La evidencia que sustenta la idea de la reencarnación debe provenir de los hechos. De esta manera se invierten los papeles. La demostración empírica de la realidad de la reencarnación respaldará la creencia en la supervivencia después de la muerte e, *ipso facto*, en el renacimiento del espíritu mismo.

La creencia en la reencarnación es muy antigua y también parece tener su origen en la observación y registro de casos contrastados de recuerdos de vidas pasadas, como el que estudiamos en esta monografía.

Actualmente, no son solo los casos de personas que recuerdan espontáneamente haber vivido una o varias existencias anteriores los que han llamado la atención de los investigadores. Algunos investigadores han intentado despertar dichos recuerdos en pacientes comunes, utilizando diferentes técnicas como el hipnotismo, la asociación de ideas, los trances, la meditación, las drogas, etc. Entre estos estudiosos de la reencarnación se pueden distinguir dos categorías:

1) Quienes utilizan hipnosis seguida de sugestiones, con el objetivo de llevar al paciente a retroceder en el tiempo hasta superar la fase embrionaria y alcanzar una o más vidas anteriores. Su único objetivo es obtener información sobre la reencarnación. (Lorenz, 1948; Bernstein, 1956; Guirdham, 1970 y 1973)

2) Psicoterapeutas que utilizan el método de regresión a vidas pasadas, con el objetivo de obtener una cura para determinadas enfermedades psicosomáticas o anomalías psíquicas. Actualmente, esta terapia está muy extendida. En todo el mundo existen cientos de trabajos publicados sobre este tema. (Fiore, 1981; Netherton.

Se aclararía lo siguiente:

1) El período intermedio, de siete años, once meses y veinticuatro días, entre la muerte del padre Jonathan y el nacimiento de Kilden está dentro del promedio estadístico de niños que traen recuerdos de vidas anteriores, aquí en Brasil y en todo el mundo. (Goldstein, 1991).

2) Ciertos episodios ocurridos incluso después de la desaparición de los recuerdos y relacionados con el

comportamiento de Kilden son perfectamente explicables; por ejemplo:

a) sus tendencias religiosas;

b) el punto 19 de Otros detalles relevantes de comportamiento y recuerdos del paciente, en el que describe una experiencia ECM.

3) Cambios en los hábitos alimentarios de la Sra. Marina Waterloo durante el embarazo, comparables a los del p. Jonathan (ver pregunta nº 5 de los Extractos del Cuestionario).

En una relectura del Análisis de la Evidencia – Capítulo II – considerando la validez de la hipótesis reencarnacionista, el lector percibirá claramente la compatibilidad de esta posición con la naturaleza de los acontecimientos ocurridos.

En definitiva, la hipótesis de la reencarnación es la que, hasta ahora, mejor se ha presentado como un esclarecimiento completo de todos los detalles de este caso. Salvo otras explicaciones más apropiadas, la hipótesis de la reencarnación sigue siendo la que mejor se adapta a la justificación de los detalles del caso de Kilden.

¡De repente!

Tan de repente, ¡no lo podía creer, pero la vida está hecha de repente y nuestros sueños cuelgan, viendo cómo sus amados cuerpos son, un día, cosechados... No.

Su cuerpo no me dijo adiós... Sin embargo, su alma, a mí, voló, me llamó y sonrió!

Y me dijo que todo había cesado...

¡Qque había florecido una vida nueva...!

Sin entender el esplendor de la eternidad, ¡lloré tanto!

¡Cuántas vidas inútiles! Entonces tú,

¿La muerte llevó al polvo?

Pero, desde la Mansión rosada, a mí,

¡Extendiste tu mano y, brillando, pude verte!

No más sufrimiento... No más pobreza, no más dolor

¡Por los dolores del mundo!

Me dijiste que estás bien y que un día,

¡A la Alegría Eterna yo también iré!

Marina Waterloo.

UNA EXPLICACIÓN

El lector podrá sorprenderse con el epílogo elegido para cerrar esta obra. En el caso de una monografía que pretende ser sistemáticamente científica, en rigor debería terminar al final del Capítulo III – anterior a éste –, o tener el estilo frío y formal de una conclusión racional y objetiva.

Sin duda, este trabajo, como los otros ya publicados por nosotros sobre casos que sugieren la reencarnación, siguió los mismos criterios éticos de rigurosa seriedad e imparcialidad aplicados a los que lo precedieron y ya fueron publicados.

Sin embargo, el presente caso contiene, además de su aspecto puramente científico, un componente de carácter sentimental, dramático y profundamente humano. En él intervienen dos criaturas, unidas por fuertes lazos de afecto mutuo. Una vez puesta de relieve la realidad de la reencarnación, al menos en el caso que ahora estudiamos, parece resaltar, con inusitada claridad, la permanencia de los sentimientos que intervienen en las relaciones humanas. Y, como fácilmente se puede comprobar, el ingrediente principal de la compleja composición de lo que se entendería por la palabra karma.

Si reemplazamos los lazos del amor por los grilletes del odio, comprenderemos mejor el mecanismo detrás de la mayoría de los dramas existenciales de los grupos humanos, las tragedias sociales y, tal vez, las catástrofes bélicas que han azotado a las criaturas de este turbulento planeta Tierra durante milenios. Tenemos suficiente experiencia en el trato con el *establishment* científico para calcular el riesgo que corremos a invalidar el presente trabajo, o reducir su valor y credibilidad, simplemente destacando este aspecto. Sabemos, muy bien, que un trabajo que aspira a ser rigurosamente científico debe, a su vez, ser frío e imparcial, además de ser absolutamente acorde con los hechos y el sistema. Cualquier desliz o descuido en la forma de presentarlo podría imponerle la pena máxima de desmoralización.

Sin embargo, creemos que también está justificado abordar esta cuestión en este caso.

ENTRE LÍNEAS...

De las innumerables cartas recibidas de doña Marina Waterloo, así como de las respuestas al cuestionario que le fue sometido, se desprende un dato interesante y digno de reflexión: a pesar de estar convencida que su hijo Kilden es la reencarnación del padre Jonathan, emocionalmente mantiene dos tipos de afecto dado a dos personalidades. Doña Marina ama maternalmente a Kilden, como una buena madre ama naturalmente a su hijo. Sin embargo, todavía conserva el profundo afecto que tenía por el padre Jonathan, ¡y lo extraña muchísimo!

¿Cómo podemos explicar esta dicotomía sentimental?

Este hecho nos enseña que existe una diferencia real, aunque formal, entre las personalidades manifestadas por un mismo espíritu en sus sucesivas encarnaciones. Dijimos formales, en el sentido de las causas que dan origen a los seres. Recordamos aquí las cuatro categorías definidas por Aristóteles: causa material, causa formal, causa eficiente y causa final. Es la forma y no la sustancia, lo que, en nosotros, produce la noción inmediata de diferencia entre las personalidades asumidas por un mismo espíritu en sus diferentes encarnaciones. Por lo tanto, podemos amar a un mismo espíritu de diferentes maneras, dependiendo de las personalidades que manifieste al encarnarse. Esta es, quizás, la razón de la dualidad de sentimientos que presenta doña Marina Waterloo respecto al padre Jonathan y Kilden.

Nuestro espíritu es una individualidad que pasa de encarnación en encarnación, enriqueciendo gradualmente su riqueza de información y experiencia. Cada vida es una lección aprendida; es también un paso más, dado hacia la liberación de la necesidad de regresar al *samsarâ* - círculo vicioso de reencarnaciones sucesivas. En consecuencia, la individualidad también cambia y, en general, mejora; evoluciona. También puede estancarse e incluso retroceder moralmente, pero esto es raro.

Cuando no está guiado por fuerzas superiores, la tendencia del espíritu es regresar al mismo grupo de individualidades relacionadas. En este caso, el grupo continúa su peregrinaje a través del tiempo y el espacio, entrelazando sus historias, sus dramas, sus karmas. El odio, la venganza, los intereses, las afinidades, las amistades y los amores constituyen el objetivo de casi todas las reencarnaciones. Es la causa final que atrae a los espíritus a la experiencia de un nuevo nacimiento.

En este punto recordamos las palabras de Buda: *"¿Qué pensáis, oh discípulos, qué es mayor hacia las aguas del vasto océano o las lágrimas que habéis derramado mientras vagabais en esta larga peregrinación, corriendo desde nuevos nacimientos hasta nuevas muertes, unidos a los que odias, separados de los que amas?"* (Samyutta Nikaya)

Nos parece que el caso que ahora estamos estudiando es solo un mínimo detalle de un drama mucho mayor; la "punta de un iceberg…"

Repitamos un pasaje del informe de doña Marina Waterloo:

"La noche era avanzada y debajo de la ventana se podía ver la Luna en el cielo despejado.

Las estrellas, tan lejanas, bañadas por la luz de la Luna, no eran tan hermosas como las hojas de palmera cerca del dormitorio. El césped del patio parecía brillar y, en el silencio nocturno, interrumpido solo por los ronquidos de mis compañeras, mis dedos comenzaron a espesarse, mis brazos y mi cuerpo... La respiración se veía interrumpida, casi a cada minuto, por una extraña urgencia.... eso se sintió como la muerte. Me senté en la cama y luego me acosté. Intenté respirar profundamente, de cara a la ventana; sin embargo, la debilidad en mis rodillas y brazos me dejó casi paralizada. Abrí la boca, queriendo tragar la mayor cantidad de oxígeno posible. Todo en vano. Ese mal no era nada nuevo para mí, pero cada vez que ocurría me dejaba más aterrado.

Durante los minutos que duró este extraño fenómeno, una luz de Luna diferente invadió mi memoria; se me perfiló una mansión, como si fuera un palacio opulento, y una habitación lujosa, pero sin mostrar muchos detalles... En esa habitación, una escena repugnante que no pude entender - que; sin embargo, me vi obligado a comprender, aceptar -, y un hombre muy blanco, extraño, de aspecto anormal...

Estas escenas no ocurrieron con claridad, lo que me obligó a torturar mi memoria, con la intención de descubrir un pasaje similar de mi infancia, o de alguna otra lectura que hubiera hecho. No era una lectura ni una cosa de infancia, yo era un adulto, el dueño de esa lujosa habitación, la figura principal de esa luz absoluta.

> Fue algo real, vivido por mí y que la memoria no logró captar del todo...."

En una carta posterior dirigida a nosotros, doña Marina relató con más detalle tales experiencias de aparente recuerdo de escenas presenciadas en supuestas existencias anteriores. He aquí un pequeño extracto de aquella carta escrita el 19 de junio de 1994:

> "Me gustaría mucho tener conocimiento de mi pasado. Siento que tengo algunos puntos que, si fueran eliminados, aclararían muchas cosas. Creo también que soy un espíritu muy viejo, que he pasado miles de veces por este planeta y me he desarrollado poco."

Es obvio que, si la reencarnación es una ley de la naturaleza, como realmente parece serlo, todos los seres vivos, especialmente los de nuestra especie, deben haber renacido ya innumerables veces. Pero hay personas que tienen, en mayor medida, esa sensación de haber vivido antes. Algunos lo recuerdan mejor que otros. Sin embargo, hay aquellos a quienes "recuerdos" similares nunca surgieron en su imaginación.

¿Podrían ser los mencionados "recuerdos de vidas pasadas" una especie de fantasía?

Creemos que la mayoría son en realidad producto de creaciones mentales, deseos reprimidos que se liberan a través de este tipo de ensoñaciones; influencia de la moda – hoy en día se habla mucho estos días sobre estos temas.

Sin embargo, hay casos que sugieren la realidad de un nuevo nacimiento, como este de Kilden

¿EL AMOR SERÍA COMO LA PRIMAVERA?

¿Cuál es la causa – o causas -, capaces de facilitar recuerdos de supuestas vidas anteriores? ¿Serían los dramas violentos, el sufrimiento, las tragedias, los romances amorosos?

En el caso Kilden & Jonathan que acabamos de estudiar, parece que un afecto puro e intenso puede hacer que el espíritu regrese a la carne, en busca del objeto de su amor.

Si este hecho es una regla general, las criaturas que se aman sinceramente y que se ven repentinamente separadas por la muerte de su pareja no deben desesperarse. Así que los padres que perdieron a sus hijos, la esposa que perdió a su marido, los amantes separados por la muerte de uno de sus compañeros, en fin, todo aquel que llora extrañando a sus seres queridos que se fueron al Más Allá deben secarse las lágrimas.

No han desaparecido para siempre, pues hay mucha evidencia de que el *Amor es como la Primavera*, ambos siempre regresan...

Referencias Bibliográficas

ANDRADE, H.G. (1976). Jacira & Ronaldo: Um Caso que Sugere Reencarnação: (Monografia) São Paulo: IBPP. (esgotado) Ver também: Reencarnação no Brasil; Matão: Casa Editora O Clarim – Cap. III, pp. 82-124,1988a.

____ . (1983). Morte, Renascimento, Evolução. São Paulo: Pensamento.

____ . (1984). Espírito, Perispírito e Alma. São Paulo: Pensamento.

____ . (1986). Psi Quântico. São Paulo: Pensamento

____ . (1988a). Reencarnação no Brasil; Matão, SP: Casa Editora O Clarim.

____ . (1988b). Poltergeist: Algumas de Suas Ocorrências no Brasil; São Paulo: Pensamento.

BANERJEE, Hemendra Nath (1964). Munesh: Report of the Case Suggestive of Extra-Cerebral Memory. Jaipur, índia: University of Rajasthan.

____ . (1965). Review of a Case-History Suggestive of Extra-Cerebral Memory. (Prabhu – Report of the Case Suggestive of Extra-Cerebral Memory); Jaipur, India: Rajasthan University Press.

____ . & OURSLER, W. (1974). Lives Unlimited. New York: Doubleday.

____ . (1979). The Once and Future Life. New York: Dell.

____ . (1980). American Who Have Been Reincarnated. New York: Macmillan Publishing.

____ . (1986). Vida Pretérita e Futura, trad. Sylvio Monteiro; Rio de Janeiro: Nórdica.

BERNSTEIN, Morei (1956). The Search of Bridey Murphy. London: Hutchinson 1956: New York: Doubleday, Garden City, 1965 ed. revisada; São Paulo: Pensamento, s.d.

DARWIN, Charles (1981). A Origem das Espécies, trad. Eduardo Fonseca; São Paulo: Hemus

____. (1982). A Origem das Espécies, (ilustrada), condensada e com introdução de Richard E. Leakey; São Paulo: Univ. de Brasília/ Melhoramentos.

FIORE, E. (1978). Já Vivemos Antes. Portugal: Europa-América.

FODOR, Nandor (1974). Encyctopaedia of Psychic Science. USA.

GOLDSTEIN, Karl W. (1985). "A Moderna Parapsicologia", Folha Espírita, Ano XII, junho de 1985 n. 135, São Paulo.

____. (1991). "Quanto Tempo Dura a Morte?", Folha Espírita, Ano XVIII, dezembro dc 1991 n. 213, São Paulo.

GUIRDHAM, Arthur (1970). Os Cátaros e a Reencarnação. São Paulo: Pensamento.

____. (1973). Entre Dois Mundos. São Paulo: Pensamento.

LEVINE, Stephen (1992). O que Sobrevive?, in Gary Doore. Explorações Contemporâneas da Vida Depois da Morte. São Paulo: Cultrix.

LORENZ, Francisco Valdomiro (1948). A Voz do Antigo Egito; Rio de Janeiro: FEB.

MERCIER, Évelyne-Sarah (1992) La Mort Transfigurée; Paris: L'Âge du Verseau.

MOODY Jr., Raymond A. (1975). Vida Depois da Vida. Rio de Janeiro: Nórdica.

____. (1977). Reflexões Sobre Vida Depois da Vida. Rio dc Janeiro: Nórdica.

____. (1988). A Luz do Além. Trad. Celso Vargas, la. edição. Rio de Janeiro: Editorial Nórdica.

____. (1992) – Investigando Vidas Passadas; São Paulo: Cultrix.

MORSE. Dr. Melvin & PERRY, Paul (1990). Do Outro Lado da Vida; Rio de Janeiro: Objetiva.

MULLER, Dr. Karl E. (1970). Reincarnation Based on Facts. London: Psychic Press.

____. (1978). Reencarnação Baseada em Fatos, trad. Harry Meredig; São Paulo: EDICEL, (ver pp.21-25)

NETHERTON, Morris & SHIFFRIN, Nancy (1978). Past Lives Therapy. New York: William Morrow.

OLDENBERG, H. (1921). Le Bouddha, Sa Vie, Sa Doctrine, Sa Communauté; Paris: Félix Alcan.

OSIS, Karlis (1965). "ESP Over Distance" Journal of the American Society for Psychical Research, vol. 59, January, 1965.

PINCHERLE, L.T.; LYRA, A.; SILVA, D.B.T.; GONÇALVES, A.M. (1985). Psicoterapias e Estados de Transe. São Paulo: Sumus Editorial.

PLAYFAIR, Guy Lyon (1976). The Indefinite Boundary; Londres; Souvenir Press.

RAWLINGS, Maurice (1979). Beyond Death's Door. New York: Bant Books.

KING, Kenneth (1992). The Omega Project. 1ª edição. New York, N.Y.: William Morrow and Company, Inc.

RITCHIE, George & SHERRILL, Elisabeth (1980). Voltar do Amanhã. Trad. Gilberto Campista Guarino, la. edição. Rio de Janeiro: Editorial Nórdica.

RUYER, Raymond (1974). La Gnose de Princeton; Paris: Fayard.

RUYER, Raymond (1989). A Gnose de Princeton, trad. Liliane Barthod; São Paulo: Cultrix.

SABOM, Michael B. (1982). Recollections of Death. London: Corgi Books.

SIDGWICK, Eleanor Mildred; GURNEY, Edmund; MYERS, Frederick W.H.; PODMORE, Frank (1975). Perspectives in Psychical Research. New York: Arno Press e University Books. (Esta obra reúne dois livros com o mesmo título: Phantasms of the Living.)

STEVENSON, Ian (1974). Twenty Cases Suggestive of Reincarnation. Second edition, revised and enlarged; Charlottesville: University Press of Virginia.

_____ . (1975). India Cases of Reincarnation Type. Vol. I – Ten Cases in India; Charlottesville: University Press of Virginia.

_____ . (1977a). Sri Lanka Cases of Reincarnation Txjpe. Vol. – Ten Cases in Sri Lanka; Charlottesville: University Press of Virginia.

_____ . (1977b). The explanatory value of the idea of reincarnation. Journal of Nervous and Mental Disease, 164:305-26.

_____ . (1980). Lebanon and Turkey Cases of Reincarnation Type. Vol. III – Twelve Cases in Lebanon and Turkey; Charlottesville: University Press of Virgínia.

_____. (1983). Thailand and Burma Cases of Reincarnation Type. Vol. IV – Twelve Cases in Thailand and Burma; Charlottesville: University Press of Virginia.

TENDAM, Hans (1990). Exploring Reincarnation, trad. do holandês/ inglês por A.E.J. Wils; Inglaterra: Arkana.

TYRRELL, G.N.M. (1973). Apparitions; London: Society for Psychical Research.

WAMBACH, Helen (1981). Recordando Vidas Passadas. Trad. Octavio Mendes Cajado; São Paulo: Pensamento.

WIESENDANGER, Harald (1994). A Terapia da Reencarnação. Trad. Zilda Hutchinson Schild Silva; São Paulo: Pensamento.

WILBER, Ken (1992). "Morte, Renascimento e Meditação", in Explorações Contemporâneas da Vida Depois da Morte; São Paulo: Cultrix.

XAVIER, F. C. & VIEIRA, W. (1959). Evolução em Dois Mundos. Rio de Janeiro: FEB.

Grandes Éxitos de Zibia Gasparetto

Con más de 20 millones de títulos vendidos, la autora ha contribuido para el fortalecimiento de la literatura espiritualista en el mercado editorial y para la popularización de la espiritualidad. Conozca más éxitos de la escritora.

Romances Dictados por el Espíritu Lucius

La Fuerza de la Vida

La Verdad de cada uno

La vida sabe lo que hace

Ella confió en la vida

Entre el Amor y la Guerra

Esmeralda

Espinas del Tiempo

Lazos Eternos

Nada es por Casualidad

Nadie es de Nadie

El Abogado de Dios

El Mañana a Dios pertenece

El Amor Venció

Encuentro Inesperado

Al borde del destino

El Astuto

El Morro de las Ilusiones

¿Dónde está Teresa?

Por las puertas del Corazón

Cuando la Vida escoge

Cuando llega la Hora

Cuando es necesario volver
Abriéndose para la Vida
Sin miedo de vivir
Solo el amor lo consigue
Todos Somos Inocentes
Todo tiene su precio
Todo valió la pena
Un amor de verdad
Venciendo el pasado

Otros éxitos de Andrés Luiz Ruiz y Lucius

Trilogía El Amor Jamás te Olvida
La Fuerza de la Bondad
Bajo las Manos de la Misericordia
Despidiéndose de la Tierra
Al Final de la Última Hora
Esculpiendo su Destino
Hay Flores sobre las Piedras
Los Peñascos son de Arena

Otros éxitos de Gilvanize Balbino Pereira

Linternas del Tiempo
Los Ángeles de Jade
El Horizonte de las Alondras
Cetros Partidos
Lágrimas del Sol
Salmos de Redención

Libros de Eliana Machado Coelho y Schellida

Corazones sin Destino

El Brillo de la Verdad

El Derecho de Ser Feliz

El Retorno

En el Silencio de las Pasiones

Fuerza para Recomenzar

La Certeza de la Victoria

La Conquista de la Paz

Lecciones que la Vida Ofrece

Más Fuerte que Nunca

Sin Reglas para Amar

Un Diario en el Tiempo

Un Motivo para Vivir

¡Eliana Machado Coelho y Schellida, Romances que cautivan, enseñan, conmueven y pueden cambiar tu vida!

Romances de Arandi Gomes Texeira y el Conde J.W. Rochester

El Condado de Lancaster

El Poder del Amor

El Proceso

La Pulsera de Cleopatra

La Reencarnación de una Reina

Ustedes son dioses

Libros de Marcelo Cezar y Marco Aurelio

El Amor es para los Fuertes

La Última Oportunidad

Nada es como Parece

Para Siempre Conmigo

Solo Dios lo Sabe

Tú haces el Mañana

Un Soplo de Ternura

Libros de Vera Kryzhanovskaia y JW Rochester

La Venganza del Judío

La Monja de los Casamientos

La Hija del Hechicero

La Flor del Pantano

La Ira Divina

La Leyenda del Castillo de Montignoso

La Muerte del Planeta

La Noche de San Bartolomé

La Venganza del Judío

Bienaventurados los pobres de espíritu

Cobra Capela

Dolores

Trilogía del Reino de las Sombras

De los Cielos a la Tierra

Episodios de la Vida de Tiberius

Hechizo Infernal

Herculanum

En la Frontera

Naema, la Bruja

En el Castillo de Escocia (Trilogía 2)

Nueva Era

El Elixir de la larga vida

El Faraón Mernephtah

Los Legisladores

Los Magos

El Terrible Fantasma

El Paraíso sin Adán

Romance de una Reina

Luminarias Checas

Narraciones Ocultas

La Monja de los Casamientos

Libros de Elisa Masselli

Siempre existe una razón

Nada queda sin respuesta

La vida está hecha de decisiones

La Misión de cada uno

Es necesario algo más

El Pasado no importa

El Destino en sus manos

Dios estaba con él

Cuando el pasado no pasa

Apenas comenzando

Libros de Vera Lúcia Marinzeck de Carvalho y Patricia

Violetas en la Ventana

Viviendo en el Mundo de los Espíritus

La Casa del Escritor

El Vuelo de la Gaviota

Vera Lúcia Marinzeck de Carvalho y Antônio Carlos

Amad a los Enemigos

Esclavo Bernardino

la Roca de los Amantes

Rosa, la tercera víctima fatal

Cautivos y Libertos

Deficiente Mental

Aquellos que Aman

Cabocla

El Ateo

El Difícil camino de las drogas

En Misión de Socorro

La Casa del Acantilado

La Gruta de las Orquídeas

La Última Cena

Morí, ¿y ahora?

Las Flores de María

Nuevamente Juntos

Libros de Mônica de Castro y Leonel

A Pesar de Todo

Con el Amor no se Juega

De Frente con la Verdad

De Todo mi Ser

Deseo

El Precio de Ser Diferente

Gemelas

Giselle, La Amante del Inquisidor

Greta

Hasta que la Vida los Separe

Impulsos del Corazón

Jurema de la Selva

La Actriz

La Fuerza del Destino

Recuerdos que el Viento Trae

Secretos del Alma

Sintiendo en la Propia Piel

World Spiritist Institute

www.ingramcontent.com/pod-product-compliance
Lightning Source LLC
LaVergne TN
LVHW041802060526
838201LV00046B/1100